CONSIDÉRATIONS

SUR

LE MAGNÉTISME ANIMAL,

OU

SUR LA THÉORIE DU MONDE ET DES ÊTRES ORGANISÉS,

D'après les Principes de M. MESMER.

Par M. BERGASSE.

Avec des penſées ſur le Mouvement, par M. le Marquis de Chatellux, de l'Académie Françoiſe.

Æquiſſimo animo ad honeſtum conſilium, per mediam infamiam, tendam ; nemo mihi videtur pluris æſtimare virtutem, nemo illi eſſe magis devotus, quam qui boni viri famam perdidit, ne conſcientiam perderet.
　　　　　　　　SENEC.........

A LA HAYE.

1784.

AVANT-PROPOS.

À Madame la Marquise de B. *

VOICI l'Ouvrage que vous m'avez demandé, MADAME; il n'est pas bon, parce qu'on ne fait rien de bon en trois semaines, sur-tout quand il s'agit d'écrire sur des idées nouvelles & de quelque étendue.

D'ailleurs je ne l'ai pas travaillé sans répugnance; mon goût m'entraîne vers les occupations paisibles, & vous savez que dans la société même qui me convient le mieux, tout ce qui a l'air d'une discussion me rappelle bien vîte au silence.

Ici, j'ai vu les opinions se heurter avec une vivacité jusqu'à présent sans exemple, & le tout à propos d'une découverte qu'il falloit, selon moi, simplement abandonner à son sort; certain que si, comme son Auteur le prétend,

A 2

& fi, comme je le crois, elle eft univerfellement utile, il y a du délire à
vouloir en arrêter les progrès, & que
fi, comme d'autres l'affurent, elle n'eft
qu'une chimère, il y a du délire encore
à s'amufer à la combattre.

Dans de telles circonftances, on ne
peut guère écrire fans fe faire remarquer, & fans fe faire remarquer prefque
toujours autrement qu'on ne voudroit
l'être; l'efprit de parti dicte les juge-
mens, & au moins, tant que dure le
choc des opinions, difpofe de la renommée.

Cependant, je le fens, il ne m'étoit
plus permis de garder le filence; la per-
févérance avec laquelle je me fuis
occupé de la deftinée d'une doctrine
dont je n'ai pu me diffimuler les nombreux avantages, commençoit à donner
lieu à des interprétations défavorables
pour moi.

Déja même, tous ces Ecrivains mer-
cénaires qui, dans leurs triftes Pamphlets,

diſtribuent la louange ou le blâme au gré des hommes qui diſpoſent de l'opinion ou de la puiſſance, ſuppoſoient à ma conduite des intentions dignes de la baſſeſſe de leur ame, & par une étrange ſingularité, j'avois une réputation équivoque, pour ainſi dire, avant que d'avoir une réputation.

Vous ſavez néanmoins combien ont été nobles & purs les motifs qui, dans toute cette affaire, ont déterminé mes démarches; & n'euſſé-je travaillé que pour une erreur, vous ſavez ſi quelqu'un, quand je voudrai parler, peut faire taire, avec plus d'empire & de fierté que moi, la calomnie.

Vous pouvez montrer mon Ouvrage à M. C. * * * faites-y l'un & l'autre les retranchemens que vous croirez convenables, & puis décidez de l'inſtant de ſa publication. Ce n'eſt pas à vous, MADAME, que j'ai beſoin d'apprendre combien, en tout ce qui n'intéreſſe pas eſſentiellement la vérité, je tiens peu à

ma manière de voir, & jufqu'à quel
point la prudence de mes amis gouverne
facilement la mienne.

Recevez l'affurance de mon attache-
ment & de mon refpect.

B.

Paris, 15 *Octobre* 1784.

Nota. Cet Écrit étant prefque par-tout un Ouvrage
de raifonnement, pour l'entendre aifément, il feroit bon
d'achever la lecture du texte, avant que de parcourir
les notes qui l'accompagnent.

ANALYSE.

1. O BJET de cet Ouvrage.

2. Réflexions sur le Rapport des Commissaires chargés d'aller examiner chez M. d'Eslon, l'existence & l'efficacité du Magnétisme animal.

3. Division de cet Ouvrage.

4. Motifs qui déterminent à le publier.

§. Ier.

5. Que le Magnétisme animal existe.

6. Il existe dans la nature une action conservatrice & réparatrice de tous les êtres. Ce que c'est.

7. Cette action s'exerce au moyen d'un fluide. Preuve de l'existence de ce fluide.

8. Tous les êtres organisés ont une propriété qui les rend susceptibles de cette action. Ce que c'est que cette propriété.

9. Réflexion sur la théorie des sensations, considérée dans ses rapports avec la théorie du monde.

10. Tous les êtres agissent les uns sur les

A 4

autres, en raison de l'analogie de leur organisation.

11. De l'imitation, ce que c'est, quels
sont ses effets.

12. Que le Magnétisme universel, annoncé
par M. Mesmer, n'est autre chose que l'action conservatrice de tous les êtres, & le
Magnétisme animal, que la propriété qui
rend les êtres animés susceptibles de cette
action ; qu'on ne peut contester l'existence
de ce double Magnétisme ; & que la vraie
Médecine doit résulter de la connoissance
de l'un & de l'autre.

§. II.

13. Que la découverte du Magnétisme
animal influera d'une manière avantageuse
sur l'homme, considéré individuellement &
dans l'état de société.

14. Sur l'homme considéré individuellement

15. En opérant une réforme dans les principes physiques de son éducation.

16. En faisant connoître la manière dont il
doit se préserver des maux auxquels il est
exposé.

17. Sur l'homme considéré dans l'état de
société.

18. En influant fur fes mœurs.

19. Des mœurs, ce que c'eft.

20. Comment elles fe dépravent.

21. Difficulté de rétablir les mœurs quand elles font dépravées.

22. De nos mœurs, ce qu'elles font.

23. Poffibilité de rétablir les mœurs, en agiffant fur leurs principes phyfiques.

24. De la Doctrine de M. Mefmer, par rapport aux mœurs; comment elle peut contribuer à leur rétabliffement.

25. Des beaux-arts, ce que c'eft; de quelles fenfations ils fe compofent, & de leurs principes phyfiques.

26. De la bonté morale des arts.

27. Influence de la Doctrine de M. Mefmer fur la bonté morale des arts.

28. Vue générale fur la théorie du monde, de l'homme, des mœurs & des arts.

§. I I I.

29. Que le Magnétifme animal peut être démontré phyfiquement, & de quelle manière il peut être démontré.

30. Il exifte dans la nature une influence qui enveloppe & rectifie toutes les influences des êtres particuliers entre eux.

31. Cette influence s'exerce au moyen d'un mouvement réparateur de tous les désordres que les influences particulières peuvent produire. Cette influence est, à proprement parler, ce qu'il faut appeller Magnétisme universel.

32. Le Magnétisme universel n'est pas sensible pour les organisations saines, il ne le devient que pour les organisations malades. Pourquoi.

33. Réflexion sur les sensations, ce que c'est.

34. De la douleur, ce que c'est.

35. Les organisations malades sont donc les seules qui puissent fournir des preuves physiques de l'existence du Magnétisme universel & du Magnétisme animal.

36. De quelle espèce doivent être ces preuves physiques.

37. Comment le corps organisé devient malade.

38. Vue générale sur la nature opérant sans cesse la conservation des êtres & leur rétablissement.

39. Deux manières d'agir sur le corps organisé malade.

40. L'une incertaine & dangereuse, & c'est celle de la Médecine ordinaire.

41. L'autre infaillible comme la nature dont elle émane , & dont elle accroît l'énergie.

42. Si cette seconde manière existe, & si elle résulte de la connoissance du Magnétisme universel & du Magnétisme animal, chaque effet qu'elle produit démontre physiquement le Magnétisme universel & le Magnétisme animal. Pourquoi.

43. Mais les effets produits par cette seconde manière, ne peuvent-ils pas être attribués à l'imagination.

44. Ce que c'est que l'imagination, ce qu'elle est dans l'homme & dans la femme, ce qu'elle est par rapport à l'esprit, comment elle modifie les corps organisés , & quelle est la durée de son action.

45. Que les procédés résultans de la connoissance du Magnétisme ont une efficacité indépendante de l'imagination.

46. Qu'ils prouvent physiquement le Magnétisme. Réflexions sur les guérisons déja opérées par le Magnétisme.

Penſées ſur le Mouvement, par M. le Marquis de Châtellux , de l'Académie Françoiſe.

. . . .

Parcourez, raſſemblez tous les Êtres divers ;
Commencez par le Dieu qui leur donne la vie.
Quel ſpectacle étonnant ! quelle chaîne infinie !
Eſprits purs dans les cieux, hommes, poiſſons, oiſeaux,
Habitans de la terre, & des airs & des eaux,
Inſectes différens, que l'œil découvre à peine ;
Briſez un des anneaux qui forment cette chaîne ;
De l'aſſemblage entier l'équilibre eſt perdu,
Et tout dans le cahos ſe trouve confondu.
Si chaque tourbillon où nagent les planettes,
Se meut différemment ſelon des loix ſecrètes,
Si conſervant toujours un ordre merveilleux,
Il forme, il affermit l'aſſemblage des cieux ;
Qu'une ſeule planette en rompe l'harmonie,
Des autres tourbillons tout à coup déſunie,
Elle entraîne, en tombant, tous les globes divers,
Dont le conſtant accord forme cet univers.
De ſon centre ébranlé, la terre dérangée,
Sera dans le cahos au même inſtant plongée ;
Les aſtres, les ſoleils l'un ſur l'autre entaſſés,
Par les globes voiſins ne ſont plus balancés ;
Dans le trouble & l'horreur la nature expirante,
Juſqu'au trône de Dieu porteroit l'épouvante.

POPE , *Eſſai ſur l'Homme.*

CONSIDÉRATIONS

SUR

LE MAGNÉTISME ANIMAL,

O U

SUR LA THÉORIE DU MONDE

ET DES ÊTRES ORGANISÉS.

Je vais parler du Magnétisme animal. Il me semble que ce que j'en dirai pourra contribuer à déterminer l'opinion qu'il convient d'avoir de cette découverte singulière.

1.
Objet de cet Ouvrage.

J'ai lu les brochures qui ont été publiées contre le Magnétisme animal. Toutes sans exception dictées par l'ignorance & la haine, ont bien moins pour objet l'examen d'un système encore peu connu, que le projet d'affliger par de tristes calomnies, l'Auteur de ce système.

J'ai lu les rapports des Commissaires nommés pour aller constater chez M. d'Es-

2.
Réflexions sur le Rap-

port des Commiffaires chargés d'aller examiner chez M. d'Eflon l'exiftence & l'efficacité du Magnétifme animal.

lon, l'exiftence & l'efficacité du Magné= tifme animal.

C'eft à tort qu'on croit qu'il n'appartient qu'aux Savans de prononcer fur le mérite & la réalité d'une découverte. Rarement un Savant, c'eft-à-dire, un homme qui a recueilli, qui a comparé beaucoup d'idées trouvées avant lui, peut entendre un homme de génie qui lui annonce un ordre de vérités nouvelles.

L'efprit a fes habitudes comme le cœur, & l'efprit ne renonce pas plus à fes habitudes que le cœur. Les habitudes de l'efprit font fes opinions; elles font plus ou moins profondes, felon qu'il les a plus ou moins travaillées, felon qu'elles fe compofent d'une plus ou moins grande quantité d'idées. Une opinion fondée fur l'examen & le rapprochement de beaucoup d'objets, une opinion qui ne peut être ébranlée, fans que, dans la tête qui l'a reçue, une foule d'opinions fecondaires ne s'ébranlent avec elles, a prefque toujours une force qu'il eft comme impoffible de détruire.

Or les Savans travaillent plus en général leurs opinions que les autres hommes, & mettent enfemble pour les compofer une plus grande masse de réflexions & d'idées. Leur esprit a donc des habitudes plus profondes, plus difficiles à détruire ; à l'apparition d'un nouveau système, ils ont donc pour l'adopter, plus de préjugés à vaincre. Il en est peu parmi eux qui n'opèrent sur la vérité qui leur est présentée avec toutes leurs habitudes, c'est-à-dire, avec tout ce qu'il faudroit abandonner pour bien voir & bien connoître ; peu qui ne portent comme involontairement leur opinion dominante dans l'examen auquel ils se livrent, à peu-près comme on mêle son caractère par-tout, & jusques dans les actions de la vie où il devroit se montrer le moins.

L'homme de génie qui veut se faire comprendre par de tels hommes, a donc plus d'obstacles à surmonter, que lorsqu'il s'adresse aux hommes ordinaires ; il faut qu'il redonne à leur intelligence la souplesse qu'elle a perdue par l'usage continué qu'ils en ont fait sur un certain ordre d'idées, & ce travail n'est pas facile : car si on ne refait pas sans peine son propre esprit, il doit en coûter prodigieusement pour refaire celui des autres, sur-tout, pour refaire des esprits qui, garantis par l'orgueil, apanage ordinaire de l'homme qui a beaucoup appris ; du fentiment de leur imperfection, n'éprou-vent que rarement le befoin d'une éduca-tion nouvelle.

C'eft encore à tort qu'on fe perfuade que tolérans par fyftême & avides de vérités, les favans accueillent fans envie l'homme de génie qui vient leur ouvrir dans le do-maine des fciences, des routes inconnues.

Ce ne font pas des ignorans, comme on affecte de le dire aujourd'hui, mais des favans, mais des hommes en poffeffion dans leur fiècle, ou dans leur pays, de diftribuer l'eftime publique & de faire la renommée, qui fe font élevés contre Chriftophe Co-lomb, annonçant un monde nouveau, contre Copernic publiant le vrai fyftême des cieux, contre Harvée démontrant la circulation du fang. Ce font des favans qui ont creufé le cachot de Galilée, qui ont dirigé contre Ramus les poignards du fanatifme, qui ont laiffé mourir Kepler dans la pauvreté, qui montrant à Defcartes des bûchers allumés, l'ont contraint de fortir de fa retraite pour aller fous un ciel rigoureux chercher une mort prématurée ; ce font des favans qui, dans des tems plus reculés, ont préparé le

poifon

poifon donné à Socrate, & forcé le philofophe de Stagire à fe fouftraire par un
exil volontaire à une deftinée femblable (1).

Les ignorans n'ont rien de commun avec
tous ces génies privilégiés qui, s'élevant au-
deffus des opinions de leur tems, ont commencé pour les fiècles à venir d'autres opinions. Ceux-là feulement ont dû les perfécuter & les ont en effet perfécutés, dont ils
ont fatigué l'orgueil, & qui ayant obtenu
quelque gloire en travaillant fur des idées
anciennement reçues, ont eu le plus grand
intérêt à faire profcrire les vérités nouvelles dont on leur annonçoit l'exiftence.

Quand un homme de génie paroît dans
les fciences, il brife tous les liens de l'intelligence humaine, & la porte loin des bornes dans lefquelles elle fembloit arrêtée.

_____

(1) Aux époques des grandes révolutions dans les
Sciences, l'épithète de Savant, de Philofophe, demeure à ceux qui ont combattu pour l'opinion qui eft
enfin devenue la dominante ; mais les hommes qui ont
attaqué cette opinion dans fa naiffance & perfécuté
ceux qui la défendoient, étoient auffi des Savans, des
Philofophes, des hommes qui avoient appris une grande
partie des erreurs & des vérités avec lefquelles fe com-
pofoit de leur tems le fyftême des connoiffances humaines.

B

Les favans qui s'occupent autour de ces bornes, & qui ont paffé leur tems à prouver qu'on ne peut aller au-delà, s'agitent près de l'homme de génie, & empreffés de réprimer fon effor, ils s'efforcent de le fatiguer dans fa marche. Lui, femblable au monde qui fe meut par une infaillible loi, avance comme entraîné par une deftinée puiffante, vers le terme de la carrière qu'il lui eft donné de parcourir. Là il dépofe l'intelligence humaine, riche d'une grande vérité de plus. Alors il fe forme d'autres favans pour travailler, pour polir cette grande vérité, fur-tout pour planter des bornes autour d'elle. Plufieurs fiècles s'écoulent quelquefois dans cette occupation peu néceffaire. Enfin un autre homme de génie arrive qui arrache les bornes, s'empare de nouveau de l'intelligence humaine, & lui fait faire un pas de plus, un de ces pas hardis qui femblent envahir tout l'efpace, comme les pas des dieux d'Homère. Les favans déconcertés imitent leurs prédéceffeurs; ils crient, ils perfécutent avec le genre de perfécution qui eft en ufage dans le fiècle où ils vivent, car pour perfécuter il ne faut pas toujours ouvrir des cachots.

Cependant malgré les clameurs & les per-
sécutions, l'homme de génie remplit sa
tâche; l'intelligence humaine demeure où
il l'a placée; la vérité qu'il a trouvée s'éta-
blit; & bientôt de nouveaux savans vivent
à l'entour, disposés à devenir persécuteurs
comme ceux auxquels ils succèdent, si par
hasard encore quelqu'homme extraordi-
naire vient dans sa marche importune troubler le repos stérile auquel ils s'abandon-
nent.

Voilà le tableau que présente l'histoire
des progrès de l'esprit humain. Toujours
la philosophie ancienne a persécuté la philosophie nouvelle, & jamais ceux qu'on
appelle Philosophes n'ont été tolérans que
pour des opinions qui ne heurtoient pas
celles qu'ils avoient adoptées.

J'ai donc lu les rapports des Commissaires, & je n'ai été surpris ni des résultats
qu'ils présentent, ni des circonstances qui
en ont accompagné la publication.

Il étoit tout naturel que les Commissaires ne voulussent pas que le Magnétisme
animal existât, & qu'ils disposassent tout
pour que l'Auteur du Magnétisme animal
fût persécuté. Les Commissaires auroient

eu, en adoptant cette découverte, trop
d'habitudes à détruire, trop d'erreurs à re-
jetter, trop de chofes à refaire dans le fyftême de leurs connoiffances, & par conféquent auffi trop de chofes à refaire dans
leur réputation; or quand on a bien ou
mal arrangé fa réputation, quand on a déterminé les idées, les opinions d'après lefquelles on la confervera, n'eft-il pas tout
fimple qu'on traite en ennemi celui qui,
avec des idées & des opinions nouvelles,
vient imprudemment l'ébranler; celui qui,
après une tâche très-pénible achevée, vient
vous propofer une autre tâche très-pénible
à remplir ?

Il étoit donc tout naturel que, malgré
la réclamation de M. Mefmer, Auteur du
Magnétifme animal, réclamation qui cependant étoit de droit public, les Commiffaires allaffent conftater l'importance &
l'efficacité du Magnétifme animal chez M.
d'Eflon, annoncé par M. Mefmer comme
n'en poffédant pas la théorie & n'en con-
noiffant l'application que d'une manière
imparfaite.

Il étoit donc tout naturel qu'entre les
moyens expofés par M. d'Eflon pour conf-

tater l'importance & l'utilité du Magnétifme animal, les Commiffaires n'adoptaf-
fent que les plus foibles, ceux qui, fufceptibles de plus d'une explication, pouvoient
préparer à leur gré contre le Magnétifme
animal, les conféquences dont ils avoient
befoin pour le faire profcrire. Ainfi M. d'Eflon leur propofoit de conftater, non pas
par de fimples effets fouvent équivoques,
mais par des guérifons faites fous leurs
yeux, l'exiftence du Magnétifme animal ;
& ils ont rejetté les guérifons, quoique
l'objet de leur examen fût un nouvel art
de guérir ; déclarant très-judicieufement
que les guérifons ne prouvent rien en médecine ; ce qui a fait dire à quelques hommes de mauvaife humeur, que la médecine
& l'art de guérir font donc deux fciences
qui n'ont rien de commun entr'elles.

Il étoit donc tout naturel que, pour juger
le Magnétifme animal, les Commiffaires
fe fiffent exprès des règles fauffes ; qu'ils
affuraffent, par exemple, que rien n'exifte
que ce qui peut être faifi par les organes
des fens, que ce qui peut être vu, touché,
goûté, entendu, fenti, & qu'ils concluf-
fent de ces règles que le Magnétifme animal

B 3

ne peut exiſter, parce qu'ils ne l'ont ni
vu, ni touché, ni goûté, ni entendu, ni
ſenti; comme s'il n'y avoit pas beaucoup
de cauſes phyſiques dans la nature, dont
l'exiſtence n'eſt pas immédiatement conſ-
tatée par les organes des ſens, mais média-
tement par les effets qu'elles produiſent;
comme ſi l'on avoit conſtaté autrement
que par des effets, la gravité de l'air qu'aucun ſens ne peut appercevoir, & que cependant tous les ſens éprouvent à-la-fois;
comme ſi l'on pouvoit voir, goûter, toucher, entendre, ſentir le fluide Magnétique
minéral, dont les effets ſont cependant ſi
certains & l'action ſi prodigieuſe.

Il étoit donc tout naturel que pour arriver à cette étonnante propoſition, que le
Magnétiſme animal n'eſt dans ſes effets que
le produit de l'imagination, de l'imitation (2), on évitât ſoigneuſement toutes
les expériences qui pouvoient démontrer
l'exiſtence d'une propoſition contraire;

_____

(2) Si on avoit dit que l'imitation eſt le produit &
non la cauſe du Magnétiſme animal, que l'imagination
nuit ſouvent & ne ſert preſque jamais à l'effet du Magnétiſme animal, on auroit dit une choſe vraie, comme
on le verra dans la ſuite.

qu'inftruits, par exemple, par le bruit public qu'il y avoit à la campagne, auprès de
Paris, un traitement fous des arbres ma-
gnétifés, où beaucoup de maux extérieurs,
beaucoup de maux fur lefquels l'imagination & l'imitation ne peuvent rien, comme
des ulcères, des paralyfies, des épilepfies
anciennes, des cécités, des rachitifmes
avoient été guéris, les Commiffaires s'abf-
tinffent d'aller vérifier ces faits intéreffans ;
qu'inftruits encore par le bruit public que
des animaux malades foumis au traitement
Magnétique, avoient recouvré par ce traitement une fanté parfaite, ils ne fiffent aucun effai fur les animaux. Tout cela auroit
trop dérangé le fyftême de l'imagination &
de l'imitation ; & pour attribuer les phénomènes du Magnétifme à ces deux facultés, il convenoit de ne recueillir que des
effets peu caractérifés, qu'on pût faire dépendre, en ufant de quelqu'adreffe, de la
caufe qu'on jugeroit à propos de choifir.

Il étoit donc tout naturel qu'après avoir
interrogé M. d'Eflon, les Commiffaires
allaffent interroger, non pas M. Mefmer,
mais M. Jumelin, & qu'ayant recueilli ce
que pouvoient dire & faire M. Jumelin

& M. d'Eflon, ils annonçaffent au public
qu'ils avoient jugé M. Mefmer, quoiqu'ils
ne l'euffent pas entendu, & que fa doctrine
étoit une chimère, quoiqu'ils n'en fuffent
pas inftruits.

Il étoit donc tout naturel que, pour rendre un tel jugement irrévocable, un M.
Thouret préparât l'opinion par un ouvrage
écrit avec une mauvaife foi fimple & mo-
defte (3), par un ouvrage où, pour mieux
féduire, toutes les affertions portent le
caractère fcrupuleux du doute, où tous les
doutes ont pour objet d'enlever à M. Mefmer jufqu'à la gloire d'avoir trouvé une
grande erreur, car aux yeux du vulgaire,
une grande erreur eft encore une grande
chofe, & il importoit fur-tout de faire
croire que l'homme dont on méditoit le
facrifice, n'étoit qu'une victime ordinaire.

Il étoit donc tout naturel que les rapports des Commiffaires fuffent rédigés de
manière qu'ils conduififfent à des réfultats
effrayans; de manière qu'en affurant que
le Magnétifme animal n'exifte pas, ils

_____

(3) On faura dans peu à quoi s'en tenir fur le
compte de M. Thouret.

puſſent dire que les procédés qu'on met en œuvre pour le produire ſont ſi dangereux, qu'il eſt impoſſible qu'ils n'aient pas des conſéquences funeſtes, non-ſeulement pour les générations préſentes, mais même pour les générations futures. Par-là, on alarmoit l'autorité, on là forçoit en quelque ſorte de ſévir contre l'Auteur de la découverte & contre ceux qui, ayant imprudemment recueilli ſes leçons, s'occupoient de les mettre en pratique. Par-là, on ſauvoit l'honneur des Commiſſaires, en étouffant tout-à-coup, avec la découverte, les réclamations auxquelles leur conduite ſuffiſamment examinée, pouvoit donner lieu.

Il étoit donc tout naturel que, tandis qu'on répandoit avec une incroyable profuſion les rapports des Commiſſaires, chez toutes les nations de l'Europe (4), M. Meſmer ne pût que difficilement, & par des voies détournées, faire parvenir, dans les Provinces & chez l'Etranger, les écrits qui devoient y opérer ſa juſtification; que tandis

---

(4) On aſſure qu'il eſt ſorti des preſſes des l'Imprimerie Royale plus de vingt mille exemplaires des Rapports des Commiſſaires.

qu'à propos de ces rapports, les papiers publics retentiſſoient contre M. Meſmer des plus noires calomnies, M. Meſmer n'eût pas la liberté de faire inférer dans les papiers publics, une ligne pour ſa défenſe; que par une précaution bien digne de ce ſiècle de lumière & de philoſophie, & très-propre à hâter l'effet qu'on vouloit produire, tandis qu'un Journal (5) annonçoit hautement qu'il recevroit avec la plus grande impartialité toutes les lettres qu'on lui écriroit ſur M. Meſmer, & toutes les réponſes que M. Meſmer feroit à ces lettres, ſecrettement les Auteurs de ce même Journal refuſaſſent les réponſes de M. Meſmer aux articles calomnieux qu'ils imprimoient tous les jours contre lui. Ainſi le public qui ne connoiſſoit pas ces prudentes manœuvres, jugeoit M. Meſmer par ſon ſilence, & le croyoit coupable, parce qu'étant accuſé, avec la liberté apparente de répondre, il ne répondoit pas.

Enfin, il étoit donc tout naturel que les moyens étant pris pour étouffer les réclamations de M. Meſmer & de ſes Diſciples,

---

(5) Le Journal de Paris.

M. Bailly, dans une affemblée publique de l'Académie des Sciences, annonçât au monde favant, avec toute la dignité de fon ftyle, le travail des Commiffaires fes Confreres, comme une victoire que la Philofophie venoit de remporter fur la fuperftition ; qu'il traitât le Magnétifme animal avec ce mépris qu'on a pour les vieilles opinions qui font paffées de mode ; qu'il annonçât prefque la mort civile de l'Auteur de cette importante découverte, & des hommes qui fe font occupés de la développer avec lui, femblable tout à la fois & à ces politiques finguliers, qui font tuer, dans les Gazettes, les Généraux dont ils ont peur, & à ces Guerriers prudens qui défient leur ennemi quand ils le voyent dans les fers.

Tout cela n'étoit pas très-moral ; mais tout cela étoit très-naturel. Le champ des fciences reffemble au fol de la Sicile, qui ne doit fa richeffe & fa fertilité qu'aux agitations du volcan qui brûle dans fon fein. Il faut qu'à de certaines époques, ce champ fe bouleverfe fous les pas de ceux qui le cultivent ; il faut que le génie, comme l'Ethna, travaille puiffamment & parmi des

fecouffes profondes les germes inconnus
que ce champ récèle , & que pour le parer
d'une fécondité nouvelle , il sème pendant
quelques inftans fur fa furface défolée , le
défordre , la tempête & la nuit. Mais les
Pâtres de la Sicile voyent-ils fans murmu-
rer leurs paifibles demeures ravagées , leurs
riches moiffons envahies par les torrens
enflammés de l'Ethna; & quand un homme
de génie vient ébranler dans le champ des
Sciences une grande maffe d'idées , je le
repète , pourquoi veut-on que les hommes
qui vivent en repos fur cette maffe , demeurent fpectateurs indifférens du bouleverfement qu'il produit? Pourquoi veut-on
qu'ils contemplent d'un œil fec leurs ma-
fures philofophiques chancelantes fur leurs
bafes entr'ouvertes? Pourquoi verroient-ils
avec indifférence la terre qui les a nourris ,
après de vives agitations , fe couvrir tout-à-
coup de plantes inconnues qui ne peuvent
devenir leur pâture? Sans doute on ne réfifte pas plus au génie qu'à la nature. Tous
les deux font puiffans comme la néceffité ;
mais fi ces hommes croyent avoir un moyen
d'arrêter le génie, quelque foit ce moyen ,
excufés par l'inftinct de leur confervation,

pourquoi craindroient-ils d'en faire ufage ?
Eft-on jamais coupable en défendant fes
foyers ? Et qu'eft-ce qui ne pardonne pas,
même un crime, au pauvre dont on
vient d'envahir la chaumière ?

Je borne là mes réflexions fur les rapports
des Commiffaires ; je n'en parlerai plus dans
cet ouvrage, du moins d'une manière ex-
preffe. Cependant lorfqu'on m'aura lû, je
crois qu'on trouvera que je les ai réfutés.

Je ne parlerai pas également des brochures qui ont précédé, accompagné ou
fuivi les rapports des Commiffaires. Ces brochures n'ajoutent aux rapports que des injures, & je n'ai pas le tems de répondre aux
injures.

Je dirai trois chofes :

1°. Que le Magnétifme animal exifte, &
je prouverai, je crois, d'une manière incon-
teftable, qu'il exifte.

2°. Que le Magnétifme animal doit opérer dans nos idées & même dans nos mœurs,
dans quelques-unes de nos inftitutions,
comme dans nos fciences, une révolution
favorable à l'humanité, & j'effayerai de donner la mefure de cette révolution.

3°. Que l'exiftence & l'utilité du Magné-

3.
Divifion de
cetOuvrage.

tifme animal peuvent être démontrées phyfiquement, & j'expoferai les moyens qu'il
faut employer pour parvenir à cette démonftration.

Avant tout, il faut qu'on fache pourquoi
j'écris.

4.
Motifs qui
déterminent
à le publier.

Je fuis l'Auteur de la foufcription ouverte
pour affurer à M. Mefmer le fort auquel
il a le droit de prétendre, s'il eft vrai qu'il
ait fait une découverte utile à l'humanité (6); j'ai contribué avec un petit nombre

_____

(6) J'ai cru que perfonne n'avoit le droit de deman-
der à M. Mefmer fa découverte, fans acquitter envers
lui la dette de l'humanité, & il m'a paru que dans les
circonftances où il fe trouvoit, je devois d'autant plus
penfer ainfi, que fa découverte l'expofant à beaucoup
de haines & de perfécutions, ne pouvoit que lui préparer une deftinée malheureufe.

Et voilà ce qui m'a déterminé à former avec quel-
ques perfonnes (M. le Comte de Chaftenet Puyfégur;
M. le Comte Maxime de Puyfégur, M. le Bailli des
Barres, le Père Gerard, Supérieur général de la Charité,
& M. Kornmann qui m'en a le premier fuggéré l'idée)
la Soufcription dont je parle ici.

Il faut dire un mot des étranges calomnies auxquelles
cette Soufcription a donné lieu.

S'il falloit en croire les rédacteurs des Journaux &
des papiers publics, M. Mefmer, au moyen de fa
Soufcription, gagnoit au moins tous les mois cent

d'hommes qui, ainsi que moi, ont éprouvé les effets bienfaisans de sa découverte, à

---

mille écus qu'il faisoit passer en Allemagne, & non content de ces bénéfices immenses, il expédioit des émissaires dans les Provinces & chez les Nations étrangères pour multiplier au loin ses dupes. Le fait est que tous les millions gagnés par M. Mesmer ont été remis dans les mains de M. d'Harvelay, & constitués en rentes viagères au Trésor Royal. Le fait est, que parmi les Elèves formés par M. Mesmer, il y en a environ cent seulement formés à Paris qui lui ont payé le prix fixé pour la Souscription, & qui ont en conséquence reçu de lui des reconnoissances : ce qu'ont payé les deux cens autres dans les Provinces, se réduit à des contributions volontaires, lesquelles ont été employées sur les lieux, de l'ordre exprès de M. Mesmer, à des œuvres de bienfaisance. Le fait est que les émissaires qui se sont occupés, dans les Provinces & dans l'Etranger, de favoriser, lorsque leurs affaires le leur ont permis, la propagation du Magnétisme animal, sont en France, en Italie, en Amérique, M. le Marquis de la Fayette, M. le Bailly des Barres, M. le Comte de Chastenet Puységur, M. le Comte Maxime de Puységur, M. le Marquis de Puységur, M. le Marquis de Tissard, M. le Comte d'Avaux, M. l'Abbé de P...., Conseiller au Parlement de Bordeaux, M. Duval d'Espremenil, Conseiller au Parlement de Paris, &c. &c. &c., tous gens, comme l'on voit, on ne peut pas mieux choisis pour faire des dupes.

On n'a pas manqué d'ajouter qu'il n'étoit pas possible

former la société actuellement très-nom-
breufe, qui s'occupe, non-feulement en

---

que je demeuraffe défintéreffé dans une fi belle fpécula-
tion, & je fais que dans plus d'une cotterie littéraire
on s'eft efforcé d'accréditer cette opinion.

Le fait eft, qu'un de mes frères, Négociant à Mar-
feille & moi, nous avons voulu payer les premiers le
prix de la Soufcription. Le fait eft que M. Mefmer,
impatient de former des Elèves, n'ayant pas cru devoir attendre que le nombre de cent Soufcripteurs que
j'avois déterminé pour obtenir la révélation de fa doctrine fût complet, & defirant la faire connoître à quelques perfonnes qui lui étoient demeurées fidèles après
la défection de M. d'Eflon; mon frère & moi avec
MM. le Comte de Chaftenet Puyfégur, le Comte Maxime de Puyfégur, Kornmann, le Pere Gerard, Bouvier, actuellement Médecin à Verfailles, Dom Gentil,
Prieur de Fontenet en Bourgogne, M. de B....,
C...., &c. &c. non feulement nous avons payé le prix
de la Soufcription, mais quoiqu'ait pu faire M. Mefmer,
nous n'avons pas voulu permettre qu'il nous inftruisît,
qu'après nous être engagés folidairement & en particulier,
par un acte en bonne forme, à lui procurer douze Elèves
dans l'efpace de quatre mois, foufcrivans comme nous,
ou bien à lui payer encore le montant de douze Soufcrip-
tions; ainfi nous cherchions, autant que nos moyens
nous le permettoient, à garantir, malgré lui, un homme
de génie lâchement perfécuté, du fort que lui préparoit
la haine imbécile de fes ennemis. Le fait eft que M. Mefmer nous ayant fait prier plus d'une fois mon frere &

Europe,

Europe, mais en Amérique, & jufques
dans les Indes, à faire connoître la doctrine

---

moi de reprendre le prix de notre Soufcription, croyant
être avec moi dans le cas de la reconnoiffance, &
m'ayant fait parler par des tiers pour m'engager à fouffrir qu'il me le témoignât, je n'ai répondu à tout ce
qui m'a été dit de fa part, qu'avec la plus vive indi-
gnation, ne voulant pas que dans une affaire qui intéreffoit
toute l'humanité, aucune vue d'intérêt perfonnel fouillât
la pureté des motifs qui me faifoient agir, & defirant
conferver, pour les circonftances périlleufes où je pou-
vois me trouver, une ame que je puffe montrer fans
rougir........ Le fait eft que parmi les Elèves de
M. Mefmer, à l'exception de mon frere, il n'en eft pas
un qui lui ait été préfenté par moi, pas un que j'aie
follicité de fe faire inftruire, que la plupart me connoiffent à peine autrement que de nom, que parmi ceux
qui me connoiffent, il n'en eft aucun qui puiffe m'im-
puter un feul propos, une feule démarche qui n'annonce de ma part le défintéreffement le plus févère, &,
comme on me l'a plus d'une fois reproché, la plus orgueil-
leufe délicateffe. Le fait eft.... mais tous ces détails font au-
deffous de moi. Je ne veux pas tout dire, & quelque jour
on connoîtra l'hiftoire de la Société à laquelle j'appartiens,
& à côté de la conduite des Commiffaires envoyés chez
M. d'Eflon pour conftater la vérité du Magnétifme animal,
on mettra en parallèle la conduite des perfonnes qui, dans
l'obfcurité & fous le poids des plus abfurdes calomnies,
fe font occupées de former cette Société......

Et pourquoi donc alors travailler avec tant d'opi-

dont il eſt l'inventeur. Inſtruit de cette
doctrine, je me ſuis attaché avec ce petit
nombre d'hommes, à en développer les
principes, de manière que, quelque ſoit la
vaſte étendue des objets qu'elle comprend,
elle pût être un jour à la portée des eſprits
les plus médiocres, & devenir pour ceux
qui s'en occuperoient, d'un uſage auſſi ſûr
que facile. Ne croyant pas à la Médecine,
victime moi-même des Médecins depuis
l'enfance, & ſur-tout ayant remarqué combien leur art funeſte eſt un fléau terrible
pour les campagnes où j'ai long-tems
vécu, j'étois actuellement occupé du projet de répandre dans les campagnes cet
autre art de guérir dont M. Meſmer prétend
avoir trouvé les loix dans la nature. Peu
curieux de gloire, mais ambitieux de la re-
connoiſſance du pauvre, mais aimant à faire
un peu de bien dans la claſſe de la ſociété la

niâtreté à la propagation d'une doctrine qui, fut-elle
vraie, ne peut, après tout, vous procurer que de nombreux ennemis.....? Pourquoi....! homme vil.....
Je voyois à côté de moi s'éteindre une grande vérité,
une vérité univerſellement utile aux hommes..,... &
tu me demandes pourquoi je me ſuis occupé de la
conſerver & de la défendre.....!

plus utile & la plus abandonnée, je croyois que quelque jour mon nom ne seroit pas prononcé sans intérêt parmi les hommes simples dont je voulois soulager la misère. Plein de cette idée, je m'étois absolument détourné de mes méditations ordinaires pour achever ma tâche commencée. Cependant mes méditations ordinaires, dans la solitude profonde où je vis, avoient aussi pour objet le bien des hommes.

Je me serois donc trompé. S'il étoit vrai que la doctrine de M. Mesmer ne fût qu'une erreur, & une erreur fatale à l'humanité; si les effets qu'elle produit n'étoient que des effets dangereux; si les générations futures ne devoient recueillir que des fruits amers de la confiance avec laquelle quelques individus de la génération présente se font soumis aux procédés de l'art nouveau qu'on est venu leur annoncer, mes coopérateurs & moi, nous aurions donc fait beaucoup de mal. Le plus universel, comme on le verra dans cet écrit, & qu'il soit permis de le dire dès à présent, le plus noble système de bienfaisance & de philosophie qui ait jamais tourmenté une ame élevée, une ame affligée des maux de ses semblables & souffrante de leur mifère, n'auroit peut-être pour bafe qu'une impofture ; avec des mains pures nous aurions broyé des poifons ; & à tant d'erreurs, à tant de fléaux, à tant de vains preftiges qui défolent l'efpèce humaine , nous aurions ajouté d'autres fléaux, d'autres preftiges , d'autres erreurs.

On le fent, s'il eft quelqu'un qui doive écrire dans cette circonftance, c'eft moi. Je fuis convaincu que je ne me fuis pas trompé , que la doctrine qu'on veut profcrire eft une doctrine bienfaifante. J'ai fait le premier quelques efforts pour répandre cette doctrine. J'ai engagé beaucoup de gens à s'en occuper avec moi ; je ne dois pas l'abandonner. Ce n'eft pas affez ; fi je le peux, je dois la défendre ; & je le dois non pas pour moi-même , pour lequel il eft tems encore de demeurer abfolument étranger aux difcuffions auxquellés elle doit long-tems donner lieu, mais parce qu'il eft de certaines vérités, celles, par exemple, qui ont pour objet un grand bien à faire aux hommes , qui impofent à ceux qui les connoiffent des devoirs févères , des devoirs qu'ils ne peuvent négliger fans s'expofer à des remords.

§. Ier.

Ce que je vais dire dans cette première division exigera quelqu'attention de la part de mes lecteurs. N'ayant ni le droit ni la volonté de rendre publique la théorie de M. Mesmer, & sentant combien, au milieu des préjugés que cette théorie doit détruire, & des intérêts particuliers qui maintiennent ces préjugés, il seroit en effet imprudent de la publier, avant qu'on ait au moins reconnu l'existence de la découverte qui lui sert de base & qu'elle explique, je suis forcé de choisir entre les idées qui s'offrent à mon esprit, celles-là seulement sur lesquelles le silence ne m'est pas ordonné. Or parmi les idées que je dois taire, il en est beaucoup qu'aucune autre idée ne peut suppléer, & qui eussent jetté le plus grand jour sur le sujet qui m'occupe.

Cependant, je ferai ensorte d'enchaîner mes réflexions avec assez de méthode, pour que les résultats que je présenterai soient facilement saisis, & que mes raisonnemens au moins ne perdent rien de leur force.

S'il est une vérité que l'on ne conteste plus en Physique, c'est que tous les corps,

5.

Que le Magnétisme animal existe.

6.

Il existe dans

C 3

à quelque diftance qu'ils fe meuvent dans l'efpace, exercent entre eux une action mutuelle ; c'eft que cette action eft plus ou moins forte, felon qu'ils font plus ou moins rapprochés, & que leur maffe eft plus ou moins confidérable ; c'eft que cette action que Newton a remarquée par-tout, dont aucun Philofophe avant lui n'avoit douté, mais dont jufqu'à lui perfonne n'avoit ofé calculer les loix, eft de toutes les actions de la nature la plus profonde, la plus invariable, la plus univerfelle.

Or fi de toutes les actions de la nature, celle dont il s'agit ici eft évidemment la plus profonde, la plus invariable, la plus univerfelle, il eft impoffible que ce ne foit pas l'action par laquelle la nature développe, entretient & conferve tous les êtres ; il eft impoffible que ce ne foit pas celle par laquelle la nature augmente, diminue, altère, maintient toutes les propriétés : & ceci n'eft pas bien difficile à prouver.

Le mouvement feul peut produire une modification dans les corps ; le repos, qui eft la ceffation de toute action, n'eft l'auteur d'aucune modification poffible ; le plus grand de tous les mouvemens étant celui par lequel tous les êtres fe balancent entre eux, par lequel tous les êtres, pour me fervir de l'expreffion le plus en ufage, gravitent les uns vers les autres, il faut donc auffi que ce foit celui par lequel tous les êtres font le plus généralement & le plus profondément modifiés.

Mais toute modification, tout changement fubi par un corps, intéreffe néceffairement la confervation de ce corps, c'eft-à-dire, que ce changement a néceffairement pour terme, ou de le développer, ou de l'entretenir, ou de le détruire. Prétendre le contraire, ce feroit prétendre qu'une modification ne modifie pas; ce feroit prétendre que dans cet ordre univerfel de chofes, où toutes les fucceffions, toutes les reproductions font le produit du mouvement, il y a des mouvemens qui n'opèrent rien, des mouvemens reffemblans au repos, dont le propre eft de ne pas faire.

Mais de plus, un corps ne diffère d'un autre, que parce que les propriétés du premier ne reffemblent pas à celles du fecond. Ce qui conftitue un corps ce qu'il eft, ce font donc fes propriétés; c'eft donc la manière dont il eft organifé, ou la manière dont font

combinés entr'eux les élémens qui le compofent. Toutes les fois qu'on agit fur un
corps, on agit donc fur fes propriétés ; on
les altère donc fi on le détruit ; on les modifie donc en plus ou en moins, felon qu'il
eft néceffaire, fi on le conferve.

Or de-là que réfulte-t-il ? Ceci évidemment, que tout mouvement opéré fur un
corps, intéreffe la confervation de ce corps,
en affectant fes propriétés.

Que plus le mouvement qui eft opéré fur
un corps eft confidérable, & plus il intéreffe la confervation de ce corps, & plus il
affecte fes propriétés.

Que le mouvement dans la nature le plus
univerfel & le plus profond eft donc auffi
celui qui doit intéreffer de la manière la plus
profonde & la plus univerfelle, les propriétés de tous les êtres & leur confervation.

Que fi par l'effet de ce mouvement fe
produit cette action réciproque, ou cette
gravitation de tous les êtres entre eux, par-
tout exiftante & par-tout obfervée, l'action
de tous les êtres entre eux affecte néceffairement, de la manière la plus profonde & la
plus univerfelle, les propriétés de tous les
êtres, intéreffe néceffairement de la ma-

nière la plus profonde & la plus univerfelle, leur confervation.

Donc en premier lieu, ou toute la Phy-fique eft fauffe, ou il faut reconnoître que le moyen par lequel la nature modifie & conferve tous les êtres, eft cette action réci-proque, par laquelle ils s'affectent entre eux, action exiftante dans tout l'Univers, & re-gardée comme la première caufe de tous les phénomènes.

Mais les corps qui fe meuvent dans l'efpace, quelque foit la diftance qui les fépare, ne peuvent s'affecter, fe modifier entre eux, s'il n'exifte entre eux un moyen ou un milieu qui tranfmette réciproque-ment leur action.

7.

Cette action s'exerce au moyen d'un fluide; preu-ve de l'exif-tence de ce fluide.

Certainement il eft impoffible de conce-voir à des diftances ou très-éloignées ou même très-voifines, l'action d'un corps fur un autre dans une efpace qui feroit abfolu-ment vuide? Comment un corps pourroit-il en mouvoir un autre fans le toucher, ou immédiatement par lui-même, ou média-ment par le fecours d'un milieu ou d'un corps interpofé? Comment le vuide, c'eft-à-dire le néant, c'eft-à-dire ce qui n'exifte pas, pourroit-il tranfmettre une action, un mouvement, devenir, pour ainfi dire, l'organe de toutes les modifications des êtres qui peuplent l'Univers ?

Les êtres qui peuplent l'univers exiftent donc dans un milieu commun qui reçoit toutes leurs impreffions & qui les tranfmet de l'un à l'autre.

Mais ce milieu ne peut être qu'un fluide & le plus fubtil de tous les fluides. Il ne peut être qu'un fluide, car fi vous fuppofez que tout eft folide entre les corps, le monde entier n'eft plus qu'un grand folide où rien ne fe meut. Il ne peut être que le plus fubtil de tous les fluides, car puifque c'eft par lui que la nature entretient, développe & conferve tous les êtres ; puifque c'eft par lui qu'elle les modifie, qu'elle agit d'une manière intime fur leurs propriétés ; puifqu'il eft, pour ainfi dire, l'inftrument & l'exécuteur de toutes fes loix, depuis celle qui détermine la marche harmonieufe des fphères, jufqu'à celle qui porte des fenfations & la vie à l'infecte le plus ignoré : il faut qu'il foit d'une telle fubtilité, qu'il puiffe pénétrer toutes les fubftances, agir dans les organifations les plus déliées comme dans les organifations les plus groffières, & devenir

par - tout le moyen de tous les mouvemens , comme la caufe de tous les effets.

Donc , en fecond lieu , fi tous les corps
fe modifient par une action réciproque dans
l'univers , ils le font au moyen d'un fluide
éminemment fubtil & dont l'exiftence ne
peut pas être plus conteftée que leur action
réciproque.

Cela pofé, puifque tous les êtres obéiffent
à la même loi , puifqu'un feul & même
mouvement les modifie , quelque prodigieufe que foit la variété de leur organifation , il n'eft pas poffible cependant qu'ils
n'ayent été organifés d'après une feule idée ;
il n'eft pas poffible que leurs organifations ,
d'ailleurs fi diverfes , étant toutes foumifes
à la même action , n'aient une manière commune de l'éprouver.

8.
Tous les êtres organi-
fés ont une propriété qui les rend fuf-
ceptibles de cette action : ce que c'eft que cette propriété.

Rien ne s'accorde mieux avec les notions
que nous nous fommes faites d'un Être
fuprême, rien ne prouve plus fa fageffe profonde, que le monde formé en conféquence
d'une idée unique , mû par une feule loi ,
offrant dans l'incommenfurable multitude
des êtres qui le compofent , la richeffe unie
avec la fimplicité , laiffant entrevoir par-
tout cette loi unique , qui , agiffant d'une

manière uniforme , développe cependant
toutes les variétés , cette idée unique ,
d'après laquelle tous les êtres ont été créés
& qui , quelque foit la différence de leurs
formes , fait qu'ils font cependant tous
fufceptibles de fe développer fous l'action
d'une même caufe.

Il feroit donc vrai alors que tous les êtres
quels qu'ils foient , fe confervant tous , étant
tous modifiés par la même loi , ont , par rapport à cette loi , qui les conferve & qui les
modifie , une organifation commune ; il
feroit donc vrai qu'on doit trouver parmi
toutes leurs propriétés , une propriété , la
même chez tous , celle par laquelle , pour
ainfi dire , cette loi les faifit & les meut ,
celle par laquelle cette loi les ordonne relativement à un effet univerfel , & combine
toutes leurs actions pour un feul réfultat.

Et qu'on y prenne garde , ce n'eft pas là
une fimple conjecture , c'eft une propofition dont il eft impoffible de me contefter
la vérité. Si la loi de la gravitation n'affectoit
pas dans tous les êtres la même propriété ,
on ne concevroit jamais comment tous les
effets qui émanent de ces êtres , vont fe
perdre dans un effet commun ; comment

tous ces êtres eux-mêmes fe modifient par
une action réciproque ; & au lieu de l'harmonie féconde que nous voyons régner
dans le fyftême du monde, des propriétés
différentes, quoique excitées par une même
caufe, ne pouvant pas produire des effets qui
aient entre eux quelque analogie, on n'y
appercevroit par-tout que défordre, confufion & ftérilité.

Si les grands comme les petits corps, fi
les fphères céleftes, comme les corps organifés qui exiftent ou fe meuvent fur ces
fphères, obéiffent à la gravitation univerfelle, ils ont donc tous une propriété commune pour y obéir ; cette propriété, telle
qu'elle eft dans les grands corps, doit donc
auffi fe retrouver dans les petits, & la manière dont s'affectent & font affectés les
petits corps, ne peut pas différer de la manière dont les grands corps eux-mêmes
s'affectent & font affectés.

Or, comment les grands corps s'affec-
tent-ils entre eux ? Abfolument comme
deux aimants qu'on met en préfence l'un
de l'autre : plus vous rapprochez ces aimans
& plus le fluide magnétique qui fort des
pôles de l'un, entre avec impétuofité dans

les pôles de l'autre , & plus l'attraction
entre les aimants devient forte. De même,
plus deux corps céleftes s'approchent &
plus ils s'attirent , & plus leur action réciproque eft confidérable. Et pourquoi cela ?
parce que le fluide qui eft l'intermède de
cette action , & dont vous ne pouvez plus
me contefter l'exiftence , ce fluide dans
lequel tous les corps font plongés & qui les
pénètre de toute part , entraîne fûrement
alors les deux corps l'un vers l'autre. Or, le
fluide ne peut les entraîner l'un vers l'autre ,
s'il n'exifte pour eux comme pour l'aimant
des points d'introduction , ou des pôles qui
rendent le fluide & qui le reçoivent. Autrement , qu'arriveroit - il ? que contre la vérité des phénomènes , il feroit impoffible
aux corps céleftes de s'attirer. Car, fi le
fluide qui fort de l'un ne rencontroit dans
l'autre aucun point d'introduction , aucun
pôle pour le recevoir , il rejailliroit fur
l'autre , fi on peut fe fervir de ce mot , &
les corps ne s'attireroient pas , mais fe re-
poufferoient en raifon de leur proximité.

Et prenez garde, que je n'avance pas plus
encore ici que tout-à-l'heure , une fimple
conjecture. Vous ne pouvez me contefter

l'action d'un corps fur un autre, ou la gravitation d'un corps vers un autre ; vous êtes
forcé de m'accorder que le moyen de cette
action, ou de cette gravitation, eft un fluide ;
il faut donc que vous conveniez qu'il y a
dans les corps des pôles, ou des points d'introduction déterminés, pour recevoir ce
fluide, ou bien ce ne fera plus l'attraction,
ou la gravitation univerfelle que vous con-
cevrez, mais la répulfion univerfelle, c'eft-à-
dire, le contraire de ce qui eft dans la nature.

Si les fphères céleftes ont des pôles, fi
c'eft par le moyen de ces pôles que s'opère
le phénomène de la gravitation univerfelle
entre eux, les autres corps organifés, les
hommes, les animaux, les plantes, ont
donc auffi des pôles, & ceci n'eft plus
qu'une conféquence de ce que je viens de
dire, & non pas une propofition à part
qu'il me faille prouver : car les hommes,
les animaux, les plantes éprouvent comme
tous les autres corps les effets de la gravitation univerfelle, font profondément modifiés par cette gravitation ; ils ont donc une
propriété pour éprouver ces effets, &
d'après ce qui a été dit plus haut, la même
propriété qu'ont les grands corps qui les

éprouvent ; la feule différence qu'il y ait
entre les pôles des grands corps & les leurs,
c'eft que leurs pôles, qui font auffi les organes de leurs fens, font mobiles, tandis
que les pôles des grands corps ne le font
pas ; & il falloit que cela fut ainfi, parce
que les pôles des uns ne font deftinés qu'à
recevoir & à reftituer une action uniforme
& déterminée, tandis que les pôles des autres font deftinés à recueillir de tout ce qui
les environne & à porter au dehors fur tout
ce qui les environne une multitude infiniment variée d'impreffions (7).

---

(7) Les expériences que les Commiffaires ont faites
pour détruire la Doctrine des Pôles, ne prouvent rien
contre cette Doctrine. On peut agir fur un corps animé,
ou en renforçant fes pôles naturels, ou en lui donnant
des pôles artificiels, comme on peut agir fur un aimant
foible avec un aimant plus fort, ou en fortifiant les
pôles de l'aimant foible, ou en les changeant ; le corps
animé éprouvera donc les mêmes effets à peu près,
foit qu'on agiffe fur lui d'après l'ordre naturel, foit
qu'on agiffe fur lui d'après un ordre artificiel ; mais
parce qu'on aura établi un ordre artificiel, cela ne prouvera pas que l'ordre naturel n'exiftoit pas auparavant,
comme parce qu'on aura changé les pôles d'un aimant,
cela ne prouvera pas qu'auparavant l'aimant n'avoit pas
de pôles.

M. d'Eflon devoit dire ces chofes aux Commiffaires ;

Donc,

Donc, en troisième lieu, puisque tous les corps gravitent les uns vers les autres, puisque cette gravitation s'opère au moyen d'un fluide, il faut absolument qu'il existe dans tous les corps des pôles pour recevoir & restituer ce fluide. Donc tous les corps organisés, donc tous les corps animés, donc le corps humain lui-même a des pôles.

Et remarquez ici une idée aussi vaste que profonde; voyez comme dans ce fyftême l'économie particulière de l'homme & de tous les êtres fensibles fe trouvent intimément appartenir à l'économie générale du

9.
Réflexion fur la théorie des fenfations, confidérée dans fes rapports avec la théorie du monde.

---

après cela, par des expériences bien conduites fur des individus d'une exceffive fenfibilité, & par conféquent très-aimantés, comme les perfonnes qui font dans un état de fomnambulifme, de catalepfie, &c., il auroit pu faire remarquer ces poles naturels dont on lui conteftoit l'exiftence, & qu'il eft en effet affez facile d'obferver, lorfque par des mouvemens inconfidérés, on ne trouble pas le jeu de leur organifation.

Tout ceci demanderoit beaucoup de détail: il faudroit, pour me bien faire entendre, donner la théorie comparée des poles des êtres animés, des êtres organifés en général, & des poles de l'aimant, & le tems ne me permet pas de m'occuper de cet objet. *Voyez le Rapport de M. Bailly.*

D

monde ; comme la théorie de nos fenfations encore inconnue , malgré les efforts
des Leibnitz , des Lokes & des Condillac,
s'unit à la théorie de ce mouvement général
qui fait tout dans l'univers ; & cependant ,
voyez comme ici tout eft fimple , comme
une feule loi a tout produit , parce qu'en
effet une feule loi doit tout produire.

10.

Tous les
êtres agiffent
les uns fur les
autres , en
raifon de l'a-
nalogie de
leur organi-
fation.

Je pourfuis. Le fluide univerfel qui pénètre
toutes les organifations, au moyen des pôles
qui font deftinés à le recevoir , n'agit pas
dans chacune de la même manière. Comme
fa fonction eft de développer , de maintenir
tous les êtres fuivant leur nature, on fent
que cette nature étant par tout plus ou
moins diffemblable , il ne doit fe mouvoir
dans chaque être que conformément à fon
économie particulière.

Des organifations différentes , le modi-
fieront donc différemment. Une même
organifation, fuivant les changemens qu'elle
fubira , ne le modifiera donc pas toujours
d'une manière égale.

Les êtres d'une même efpèce , & ceux
qui dans la même efpèce ont plus de reffem-
blance dans leur conftitution , exerceront
donc réciproquement , les uns fur les au-

tres, une action plus profonde , plus puis-
fante & plus étendue.

Car les êtres d'une même espèce, & ceux
qui dans leur espèce font très-analogues,
doivent affecter, travailler de la même manière le milieu dans lequel ils font plongés
& qui les pénètre en tous fens; ils doivent
donc fe renvoyer mutuellement les mêmes
impressions , & le fluide qu'ils reçoivent
étant modifié d'une façon toute femblable ,
doit porter dans leur conftitution phyfique
les mêmes habitudes.

De-là, ce phénomène de l'imitation qu'il
ne falloit pas décrire avec autant de pompe
que l'a fait le Rédacteur du travail de l'Académie, car la pompe n'apprend rien , mais
qu'il falloit obferver, avec beaucoup d'attention & de philofophie, dans tout ce qui
nous environne , dans les êtres de toutes les
efpèces , & entre les êtres d'une même
efpèce, dans toutes les circonftances où ces
êtres exiftent en commun.

11.
De l'imita-
tion, ce que
c'eft; quels
font fes ef-
fets.

Alors, peut-être on auroit compris pourquoi les êtres d'une même efpèce modi-
fiant de la même manière dans leur organifation, le fluide qui les développe & qui les
meut, fe donnent tous une même éduca-

tion, fe renvoyent tous des fenfations fem‑
blables, combinent tous les mêmes réful‑
tats (8).

Peut‑être 'on auroit compris pourquoi
les êtres d'une même efpèce, dans les cir‑
conftances ordinaires de leur durée, ne fe
'nuifent pas phyfiquement entre eux ; pour‑
quoi ils font plus ou moins difpofés à vivre
en fociété ; pourquoi beaucoup d'hommes
affemblés finiffent par obéir aux mêmes im‑
preffions ; pourquoi la haine, la colère, la
peur font des paffions contagieufes qui fe
communiquent avec une rapidité qui tient
quelquefois du prodige.

Peut‑être on auroit compris pourquoi,
par exemple, lorfque vous entrez dans une
affemblée où tout eft compofé pour l'in‑
dignation, à moins que vous n'arrêtiez
l'action de la nature par une volonté déter‑
minée (9), vous fentez comme malgré vous,

_____

(8) Il s'agit ici des réfultats qui appartiennent à
l'efpèce & qui fe trouvent jufques dans les variétés
qu'offrent les individus.

(9) Ici, qu'il foit permis de dire combien c'eft à
tort qu'on accufe le fyftême de M. Mefmer de con‑
duire au matérialifme. Si ce fyftême nous apprend mieux
qu'un autre l'empire de la nature fur l'homme, mieux
qu'un autre auffi, il nous apprend l'empire de l'homme

votre organifation fe compofer auffi pour le même fentiment ; pourquoi, lorfque fortant de cette affemblée, vous entrez dans une fociété de gens modérés, vous fentez encore, comme malgré vous, votre organifation s'appaifer & fe compofer pour des affections tranquilles.

Peut-être on auroit compris pourquoi la douleur d'autrui nous affecte phyfiquement ; pourquoi, fi nous fommes délicatement conftitués, toutes les fenfations qu'éprouve un être malade en notre préfence, nous les éprouvons quelquefois prefque comme lui ; pourquoi la pitié nous donne tous les maux que nous voyons fouffrir à nos femblables ; pourquoi elle eft plus active, plus involontaire dans l'homme qui réfléchit peu, qui n'a pas altéré les difpofitions naturelles de fon organifation, que dans l'homme qui

fur la nature ; mieux qu'un autre, il nous fait connoître l'empire de *notre volonté fur* nous-mêmes & fur tout ce qui nous environne, volonté dont il nous fera toujours impoffible de concevoir l'exiftence dans le fyftême du matérialifme, & qui démontre fi bien, fimplement parce qu'elle exifte, qu'au-delà de ce que nous appercevons il eft un ordre moral, principe & générateur de l'ordre phyfique qui fe déploie fous nos yeux.

a forcé son organisation à subir le travail de son esprit & de sa volonté.

Peut-être on auroit compris pourquoi les hommes d'une même société sont disposés à recevoir, comme involontairement, les mêmes opinions, les mêmes préjugés, à contracter les mêmes habitudes; pourquoi des hommes réunis ont toujours moins de force d'esprit, des pensées moins originales, un caractère moins décidé que des hommes isolés; pourquoi l'homme qui a long-tems vécu dans la solitude, qui a de très-bonne heure disposé son organisation, pour recevoir l'action de tous les grands objets de la nature, qui n'a jamais été modifié que par des sensations puissantes & profondes, pourquoi cet homme, au milieu du monde, demeure plus qu'un autre, étranger aux impressions que le monde rassemble, presque toujours malheureux de sa force & souffrant de son génie.

Ce jeu, si varié, si étonnant, des organisations les unes sur les autres; ce jeu, au moyen duquel la nature départ à chaque individu les modifications qui conviennent à sa conservation & à son développement, avec lequel elle prépare à chaque espèce les habitudes qu'il lui faut pour qu'elle s'entretienne & se perpétue ; ce jeu, qu'il est bien surprenant qu'on n'ait pas observé d'avantage, & qu'on n'observe aujourd'hui presque pour la première fois, que comme un effet indifférent, dont il est à-peu-près inutile de rechercher la cause ; ce jeu alors auroit peut-être donné lieu à des réflexions aussi neuves qu'intéressantes, & en étudiant ses immenses résultats, on n'auroit pas vu sans admiration qu'il n'est que l'effet infiniment simple d'une cause infiniment simple aussi, mais infiniment puissante par sa simplicité.

C'est toujours ce fluide, ce milieu avec lequel la nature fait tout, qui se trouvant semblablement ou diversement modifié, en raison de l'analogie ou de la différence des organisations dans lesquelles il est reçu, opère les phénomènes si nombreux, que dans leur action réciproque, ces organisations offrent à notre curiosité. Semblablement modifié, ce fluide produit des phénomènes semblables ; il dispose les êtres à l'imitation ; diversement modifié, ce fluide produit des phénomènes différens, quelquefois opposés ; il dispose les êtres de maniere à ce qu'ils ne s'imitent pas, quelquefois de manière à ce qu'ils se contrarient. Mais comme la nature veut essentiellement l'ordre & l'harmonie, comme en général tous les fluides tendent à se mettre en équilibre, comme troublés par plusieurs mouvemens, ils finissent par se composer pour un seul, en général aussi, le fluide universel se composant pour une action commune, tend toujours à mettre les êtres animés, comme tous les autres êtres, dans une relation uniforme entre eux, & quelque soit d'abord leur peu de correspondance, les dispose insensiblement pour les mêmes impressions.

Donc enfin, & en quatrième lieu, quoique tous les êtres agissent les uns sur les autres, quoiqu'ils aient tous les mêmes propriétés pour agir, cependant ils s'affectent avec d'autant plus d'intensité qu'ils ont plus ou moins d'analogie entre eux, ou, ce qui est la même chose, qu'il y a une ressemblance actuelle plus ou moins exacte, entre leurs organisations.

12.

Que le Magnétisme universel annoncé par M. Mesmer, n'est autre chose que l'action conservatrice de tous les

Maintenant, qu'est-ce que prétend Monsieur Mesmer?

Qu'il existe entre tous les corps, qui se meuvent dans l'espace, une action réciproque, la plus générale de toutes les actions de la nature.

Que cette action conftitue l'influence ou le Magnétifme univerfel de tous les êtres entr'eux.

Que ce Magnétifme univerfel eft exercé au moyen d'un milieu qui reçoit & communique les imprefïions de tous les êtres.

Que ce milieu ne peut être & n'eft en effet qu'un fluide éminemment fubtil.

Que le Magnétifme univerfel, parce qu'il eft la plus générale de toutes les actions de la nature, eft néceffairement l'action par laquelle la nature modifie toutes les propriétés, entretient, difpofe, développe & conferve tous les êtres.

Qu'il n'eft aucun être qui puiffe fe fouftraire à l'action du Magnétifme univerfel, parce qu'il n'eft aucun être dans l'univers indépendant des loix auxquelles l'univers eft foumis.

Que tous les êtres obéiffent de la même manière au Magnétifme univerfel, qu'ils ont tous une même propriété pour y obéir, que cette propriété s'exerce au moyen de pôles femblables à ceux de l'aimant par les effets qu'ils produifent.

Que tous les êtres obéiffans au Magnétifme univerfel, agiffent les uns fur les au-

[marginalie:] êtres, & le Magnétifme animal, que la propriété qui rend les êtres animés fufceptibles de cette action ; qu'on ne peut contefter l'exiftence de ce double Magnétifme, & que la vraie Médecine doit réfulter de la connoiffance de l'un & de l'autre.

tres avec d'autant plus d'énergie, qu'ils font plus analogues entr'eux.

Que puifque c'eft par le Magnétifme que tous les êtres font confervés, que puifqu'ils agiffent magnétiquement les uns fur les autres avec d'autant plus d'énergie qu'ils font plus analogues, c'eft en étudiant les loix du Magnétifme & de leur analogie, qu'on peut trouver les loix de leur confervation, qu'on peut déterminer avec quelque certitude les moyens qu'il convient de mettre en œuvre pour les rétablir, lorfque leur organifation eft altérée.

Que de cette étude feulement doit réfulter, & réfulte en effet, le véritable art de guérir, art jufqu'à préfent fi conjectural, & de l'aveu du petit nombre d'hommes de génie qui s'en font occupés, dans les mains de la plupart de ceux qui l'exercent, art prefque toujours fi funefte.

Or, je le demande, eft-il une feule de ces propofitions dont on puiffe me contefter la vérité? & fi elles font vraies, n'ai-je pas démontré que le Magnétifme animal exifte? car qu'eft-ce que le Magnétifme animal? pas autre chofe, que la faculté d'obéir à l'action du Magnétifme univerfel, que la susceptibilité de l'action du Magnétisme universel, considérée dans les êtres animés; mais comment s'y prendroit-on, après ce qu'on vient de lire, pour me prouver que cette faculté, que cette susceptibilité n'existe pas dans les êtres animés? Comment s'y prendroit-on pour me prouver que ce n'est pas au moyen de cette faculté que ces êtres se développent & se conservent? Comment enfin s'y prendroit-on pour me prouver que c'est hors des loix qui conservent les êtres animés, qu'il faut aller chercher les principes qui doivent constituer l'art de les préserver ou de les rétablir?

Et cependant tout ce que j'ai dit, est infiniment loin de tout ce que je pourrois dire; & à chaque pas, pour ainsi dire, j'ai été obligé de m'arrêter, pour ne pas aller au-delà des bornes que je me suis prescrites. Mais au moins voit-on combien la doctrine de M. Mesmer a été jusqu'à présent défigurée, quelle est l'immensité des idées qu'elle embrasse, & comme est profonde & toujours simple & toujours vraie la manière dont il les enchaîne.

§. I I.

13.

Que la découverte du Magnétisme animal influera d'une manière avantageuse sur l'homme considéré individuellement & dans l'état de société.

Je ne parlerai point ici de la révolution qu'opérera dans tout le systême de nos connoissances physiques, la découverte du Magnétisme animal & la doctrine qui résulte de cette découverte. On sent qu'une doctrine qui a pour objet la théorie du monde, & la connoissance des rapports de l'économie particulière de l'homme avec l'écónomie générale de tous les êtres, qui démontre non-seulement la vérité de ces rapports, mais qui en fait appercevoir le moyen, le méchanisme, si je peux me servir de ce mot, qui lie tout dans l'univers par l'action d'une seule loi, & qui prouve l'existence & de cette loi & de l'action qu'elle produit; on sent qu'une telle doctrine doit opérer dans les régions encore trop peu connues de la haute physique, une révolution profonde; que cette révolution ne peut être opérée, que d'autres apperçus, d'autres explications ne nous soient données, que nous n'ayons d'autres observations à faire sur cette multitude de phénomènes que considère la physique particulière; & qu'ainsi par le mouvement d'une

feule idée, tout doit prendre dans le do-
maine des fciences naturelles une forme
plus riche, plus heureufe & plus grande
que celle que nous y avons jufqu'à préfent
remarquée.

Mais il n'eft pas encore tems de parler
de toutes ces chofes; c'eft de l'homme &
des hommes que je veux fpécialement
m'occuper ici. Je veux voir fi en effet par
rapport à l'homme confidéré d'une manière
individuelle, & par rapport aux hommes
confidérés dans l'état actuel de la fociété,
la doctrine du Magnétifme animal n'eft pas
une doctrine bienfaifante, fi dans l'ordre
moral elle eft dangereufe, comme on l'a
dit quelquefois, & fi elle ne l'eft pas, quels
font les avantages qu'il faut en attendre.

Parce que tous les êtres agiffent les uns **14.**
fur les autres & qu'ils fe modifient entr'eux; Sur l'homme
confidéré in-
parce que de la connoiffance de la loi qui dividuelle-
les modifie, réfulte la connoiffance des loix ment.
qui les développent & qui les confervent,
on doit voir que le fyftême qui nous fait
appercevoir jufques dans fes derniers détails l'action réciproque de tous les êtres,
& qui nous montre le produit de cette
action, ne peut qu'influer de la manière

la plus utile fur les principes d'après lefquels notre économie particulière doit
être gouvernée.

15.
En opérant
une réforme
dans les prin-
cipes phyfi-
ques de fon
éducation. On a beaucoup voulu, depuis l'Auteur
d'Emile, introduire une réforme dans les
principes phyfiques de notre éducation. On
a très-bien compris qu'une organifation malade, & dont le développement eft troublé
à chaque inftant, ou par quelque vice intérieur ou par des caufes extérieures fans
ceffe agiffantes pour la gêner & la contraindre, ne doit préparer que trop fouvent à
celui qui en eft malheureufement doué, des
habitudes funeftes, & qu'il y a prefque toujours une différence prodigieufe entre le
caractère d'un homme croiffant fous l'action puiffante, harmonieufe & tranquille
de la nature, & le caractère de celui qui
n'obéit que d'une manière imparfaite à
cette action.

Mais pour opérer, avec quelque profondeur & fur-tout quelque durée, la réforme
intéreffante dont a parlé Rouffeau, ce n'é-
toit pas affez de faire fentir la néceffité de
refpecter l'action de la nature fur le développement de nos facultés phyfiques; il falloit encore faire connoître la manière dont

s'exerce cette action, les moyens de la for-
tifier, de la diriger même dans quelques
circonſtances, & d'en varier comme d'en
calculer les réſultats.

· Nous n'appartenons preſque plus à la
nature. Toutes ces affections, toutes ces
paſſions que la ſociété nous donne; ces préjugés mêmes, ces opinions, ces coutumes
auxquelles elle nous aſſervit; ces loix de
toute eſpèce avec leſquelles en contraignant l'impétuoſité de nos penchans, elle
les déprave preſque toujours; ces arts qui
font ſon ouvrage, & qui portant à l'ame
des jouiſſances trop multipliées, fatiguent,
altèrent en mille manières notre ſenſibilité
encore plus qu'ils ne la développent & ne la
ſatisfont; ces tourmens de l'eſpérance &
de la crainte, fléaux ordinaires de tous les
hommes qui mènent la vie ſociale; ces
habitudes ou fauſſes ou trop profondes, que
donnent l'ambition, le chagrin, l'inquié-
tude long-tems prolongée, la contention
d'eſprit quelque puiſſe en être l'objet; cette
diverſité dans la manière de vivre, ſelon
l'aiſance, les beſoins, les caprices de chacun, toutes ces choſes doivent travailler en
mille manières les organiſations humaines,

& après un intervalle de tems plus ou moins long les dépouiller en grande partie de leur premier caractère. Parce qu'il y a une relation très-intime entre notre manière d'être morale, & notre manière d'être physique ; parce qu'il n'est aucun mouvement dans notre ame, auquel ne corresponde un mouvement dans notre corps, & que l'effet nécessaire du mouvement, comme on le sait, est toujours d'opérer une modification dans les corps ; on conçoit qu'il n'est pas possible qu'il existe maintenant une seule organisation qui ne soit plus ou moins altérée ; on conçoit que l'enfant qui naît aujourd'hui appartenant à une organisation modifiée depuis plusieurs siècles par les habitudes que donnent les évènemens qui se succèdent dans l'ordre ordinaire de la société, doit toujours porter en lui des germes de dépravation plus ou moins considérables.

Ce sera donc, agir avec sagesse, si l'on veut, que de soumettre l'enfant dans le développement de ses facultés, à la simple action de la nature, & de faire ensorte que les actions particulières des individus de son espèce avec lesquels il est en relation, ne troublent pas cette action bienfaisante.

Ainsi

Ainſi on n'ajoutera pas aux vices de ſa conſtitution primitive, les vices accidentels qu'une fauſſe éducation peut lui donner. Mais cela ſuffit-il aujourd'hui ? la nature n'a pû faire entrer dans ſon plan toutes les erreurs auxquelles notre volonté mal dirigée dans l'état ſocial a pû donner lieu, & ſi par l'effet de ces erreurs, nous ne ſommes plus même en naiſſant, ce que nous devons être, la nature eſt-elle toujours aſſez puiſſante pour rétablir le ſyſtême de nos facultés dans l'ordre qui convient le mieux ? Non ſans doute ; & que faut-il faire alors ? ajouter, s'il eſt poſſible, une force étrangère à celle de la nature, ou plutôt doubler, s'il eſt poſſible, l'énergie de la nature elle-même, & faire enſorte que ſon action devienne aſſez pénétrante pour qu'elle puiſſe s'exercer juſques ſur les vices les plus cachés, les plus imperceptibles de l'organiſation qui lui eſt ſoumiſe.

Or, ſi la doctrine du Magnétiſme animal eſt vraie, ſi l'on connoît en effet les loix d'après leſquelles la nature nous conſerve, ſi on peut diſpoſer une organiſation quelconque, de manière à ce qu'elle en reſſente plus profondément l'heureuſe influence, ne

E

voit-on pas combien la doctrine du Magnétifme animal peut devenir avantageufe dans
le premier développement de l'enfance,
dans le méchanifme, fi je peux me fervir
de ce terme, de notre première éducation.

Puifque tous les êtres font modifiés par
l'action réciproque qu'ils exercent entr'eux,
puifque le moyen de cette action eft un
fluide. & que ce fluide acquiert divers ca-
ractères de mouvement felon les diverfes
organifations qu'il traverfe, puifque ce
fluide opère toutes les fenfations & produit
tous les développemens : en raffemblant
autour de l'organifation d'un enfant, des
organifations propres à n'agir fur lui que
d'une manière favorable, en augmentant
le jeu de ces organifations fur la fienne,
en difpofant la fienne, plus encore que ne
l'a fait la nature, à recevoir l'influence de
toutes les organifations avec lefquelles on
la fera correfpondre, il fera donc poffible,
quelque altérée qu'elle puiffe être, de la
délivrer quelquefois abfolument, toujours
en grande partie, des vices qui la dépravent.

On fait déja, & indépendamment de la
doctrine du Magnétifme animal, que toutes
les circonftances phyfiques ne font pas les

mêmes pour le développement des facultés d'un enfant. Ce n'eft pas la même chofe que de faire vivre un enfant à la ville ou à la campagne (10); à la campagne même, ce

---

(10) Voici comment j'exprimois, il y a environ dix ans, dans un Effai fur l'Education, que ma mauvaife fanté ne me permit pas d'achever alors, & que je me propofe de refondre dans un autre Ouvrage, l'influence que la vie champêtre exerce fur nos habitudes morales.

« Nous avons tous un goût naturel pour la vie cham-
» pêtre. Loin du tracas des villes & des jouiffances fac-
» tices que leur vaine & tumultueufe fociété peut offrir,
» avec quelle fatisfaction nous allons y refpirer l'air de
» la fanté, de la liberté, de la paix.

» Une fcène fe prépare plus intéreffante mille fois
» que toutes celles que l'art invente à grands frais pour
» vous amufer ou vous diftraire. Du fommet de la
» montagne qui borne l'horifon, l'aftre du jour s'élance
» brillant de tous fes feux. Le filence de la nuit n'eft
» encore interrompu que par le chant plaintif & tendre
» du roffignol, ou le zéphir leger qui murmure dans le
» feuillage, ou le bruit confus du ruiffeau qui roule
» dans la prairie fes eaux étincelantes. Voyez-vous ces
» collines fe dépouiller par degrés du voile de pourpre
» qui les recèle, ces moiffons mollement agitées fe balan-
» cer au loin fous des nuances incertaines, ces châteaux,
» ces bois, ces chaumieres, bifarrement groupés, s'é-
» lever du fein des vapeurs, ou fe deffiner en traits
» ondoyans dans le vague azuré des airs. L'homme des

E 2

n'eſt pas la même choſe que de l'élever dans un lieu où il n'éprouvera que des impreſ-

---

» champs s'éveille. Tandis que ſa robuſte compagne fait
» couler dans une urne groſſière le lait de vos trou-
» peaux, le voyez-vous ouvrir gaiement un pénible
» ſillon, ou la ſerpe à la main émonder en chantant
» l'arbuſte qui ne produit que pour vous ſes fruits ſa-
» voureux ; cependant le ſoleil s'avance dans ſa car-
» rière enflammée ; l'ombre, comme une vague im-
» menſe, roule & ſe précipite vers la gorge ſolitaire
» d'où s'échappe les eaux du torrent ; le vent fraîchit ;
» l'air s'épure ; le peuplier du rivage incline ſa tête lu-
» mineuſe ; une abondante roſée tombe en perles d'ar-
» gent ſur le velours des fleurs, ou ſe réſout en étin-
» celles de feu ſur la naiſſante verdure....... Oh !
» combien votre ame eſt émue ! quelle fraîcheur déli-
» cieuſe pénêtre alors vos ſens ! comme elles ſont con-
» ſolantes & pures les penſées du matin ! comme elles
» égayent le rêve mélancolique de la vie ! en s'aban-
» donnant à leurs douces erreurs, combien aiſément
» on oublie & les triſtes projets de la grandeur, & les
» vaines jouiſſances de la gloire, & le mépris du monde
» & ſa froide injuſtice.

» Nous ne remarquons pas aſſez l'influence prodi-
» gieuſe que la nature conſerve encore ſur nos ames,
» malgré l'étonnante variété de nos goûts & la profonde
» dépravation de nos penchans. Je ne ſais, mais il me
» ſemble qu'à la campagne, notre ſenſibilité devient
» & moins orgueilleuſe & plus vive ; que nous y aimons
» nos amis avec plus de franchiſe, nos femmes avec

fions vives & profondes, ou dans un lieu
où il ne recevra que des impreffions foibles
& peu déterminées, que de l'élever, par
exemple, dans une forêt de chênes ou fous
des berceaux de tilleuls, que de l'environner de ces organifations délicates avec

» plus de tendreffe, que les jeux de nos enfans nous y
» intèreffent davantage, que nous y parlons de nos
» ennemis avec moins d'aigreur, de nos peines avec
» moins d'amertume, de la fortune avec plus d'indif-
» férence. Eft-ce en refpirant la vapeur embaumée du
» foir, en fe promenant à la lueur tranquille & douce
» de l'aftre des nuits, qu'on peut ourdir une trame
» perfide ou méditer de triftes vengeances ? Ce berceau
» que vos mains ont planté, où le chevrefeuil, le
» jafmin & la rofe entrelacent leurs tiges odorantes,
» ne l'avez-vous orné avec tant de foin que pour vous
» y livrer aux rêves pénibles de l'ambition ? Dans cette
» folitude champêtre qu'ont habité vos pères, dans cet
» afyle des mœurs, de la confiance & de la paix, que
» vous importe les vains difcours des hommes, & leurs
» lâches intrigues, & leur haine impuiffante, & leurs
» promeffes trompeufes ? Quelle impreffion peut en-
» core faire fur votre ame le récit importun de leurs
» erreurs & de leurs crimes ? Au déclin d'un jour ora-
» geux, ainfi gronde la foudre dans le nuage flottant
» fur les bords enflammés de l'horifon : ainfi retentit
» le torrent qui ravage au loin une terre agrefte &
» fauvage. . . . . . . »

lefquelles la nature compofe tous les effets
gracieux qu'elle offre à nos regards, ou de
ces organifations auftères fur lefquelles elle
femble avoir empreint tout le caractère de
fa force & de fa majefté. Celui qui n'a refpiré que le parfum des fleurs, & pour lequel
on n'a choifi parmi les êtres organifés qui
peuplent les champs, que des êtres dont les
formes font douces, n'aura certainement ni
la même conftitution phyfique ni les mêmes
facultés morales, que celui qui n'a jamais
refpiré que l'odeur agrefte des bois, & qui
ne s'eft mis en relation qu'avec des êtres qui
ne fe développent que fous des formes fières
& hardies.

De telles idées ne font plus combattues
aujourd'hui. On reconnoît la vérité des effets
dont je parle, quoiqu'on n'ait pas fu jufqu'à
préfent trouver la caufe qui les produit ;
mais maintenant qu'on a trouvé cette caufe,
& qu'on peut en augmenter l'énergie, conçoit-on jufqu'où le méchanifme de l'éducation peut être porté ? D'après la nouvelle
théorie des fenfations, dont j'ai laiffé entrevoir quelques principes, & que j'ai montré
comme dépendante de la théorie du monde
& de l'action générale de tous les êtres entre

eux, conçoit-on jufqu'à quel point, par exemple, en rectifiant l'organifation d'un enfant, on peut déterminer fes habitudes? jufqu'à quel point, fi on l'environne d'organifations propres à porter à la fienne, felon qu'il en eft befoin, des fenfations douces ou fortes, tumultueufes ou tranquilles, on peut modifier fon caractère, diriger fes penchans, déterminer même les opérations de fon efprit, & préparer de loin les idées dont il doit s'occuper un jour?

Je touche, je le fens, à des conféquences fingulières; mais je ne vois pas trop qu'il foit facile de m'en contefter la vérité. Dès que vous avez admis l'exiftence de ce fluide avec lequel la nature diftribue tous les mouvemens, toutes les impreffions, toutes les fenfations; dès que vous reconnoiffez que ce fluide eft modifié différemment felon les organifations qui le reçoivent, il faut bien néceffairement qu'il agiffe, fuivant ces différentes modifications; & fi l'on peut accroître fon action ordinaire, il faut bien qu'on en obtienne dans l'éducation phyfique de l'homme tous les réfultats que je lui attribue.

Ainfi l'homme en naiffant, & dans la première période de fa durée, devra aux

nouveaux principes annoncés par M. Mefmer un développement plus heureux que
celui qui, dans l'ordre actuel de la société,
& même dans l'ordre de la nature, lui eft
ordinairement préparé. Mais dans le cours
de fa vie, l'homme n'a-t-il pas à efpérer
encore de la doctrine de M. Mefmer d'autres
avantages ?

16.

En faifant
connoitre la
manière dont
il doit fe pré-
ferver des
maux aux-
quels il eft
expofé.

Je ne dirai rien ici de la réforme que cette
doctrine doit opérer dans l'art de guérir. On
fent, & je n'ai pas befoin de le prouver,
combien une telle réforme fera falutaire,
& quel bien en tout genre elle doit produire.

Mais il eft un art bien plus important que
celui de guérir ; c'eft celui de préferver.

En Médecine, l'art de préferver eft à l'art
de guérir ce qu'en légiflation l'art de prévenir les crimes eft à l'art fi facile de les punir ;
& malheureufement en légiflation l'art de
prévenir les crimes, & en Médecine l'art de
préferver ont été jufqu'ici deux arts à peu
près ignorés.

La Médecine & la Légiflation, telles
qu'elles exiftent maintenant, fe reffemblent:
toutes deux paroiffent n'avoir pour objet
que d'appaifer des fymptômes ; mais trou-

ver pourquoi l'homme eft malade ou méchant, dans un meilleur ordre de chofes
le détourner des caufes qui produifent en
lui le vice ou la douleur, c'eft-là ce qu'elles
font loin encore de pouvoir faire.

En Légiflation, on a bien quelquefois
tenté de déterminer les principes de l'art de
prévenir les crimes ; & fi c'en étoit ici le
lieu, il me femble que je dirois pourquoi
les efforts qu'on a faits dans ce genre ont
toujours été malheureux (11).

En Médecine, on n'a pas même effayé de
déterminer les principes de l'art de préferver (12).

---

(11) J'ai laiffé entrevoir quelques-unes de mes idées
fur cet objet, dans un Difcours *fur l'humanité des Juges
dans l'adminiftration de la Juftice criminelle*, Ouvrage
de ma première jeuneffe, qui fe trouve fans nom d'Auteur, dans un Recueil imprimé de M. Briffot de Var-
ville, intitulé : *Bibliotheque du Légiflateur.*

(12) Il ne faut pas confondre l'art de préferver
dont je parle ici avec cette partie de la Médecine ordinaire appellée Hygienne, qui confifte en maximes fur
la tempérance, & en recettes pour fe bien porter,
maximes & recettes, qui, par cela feulement qu'elles
font générales, demeurent prefque toujours fans une
application utile, parmi cette prodigieufe variété d'organifations, fur lefquelles on les effaye. Il y a telle

Cependant jettez les yeux sur la société ; telle qu'elle existe aujourd'hui ; écartez cet appareil, ce tumulte de jouissances qui vous trompe sur nos misères ; pénétrez dans l'intérieur des familles, & voyez presque dans toutes les familles le spectacle de la souffrance prolongée ; voyez les mal-aises, pires cent fois que les grands maux, les mal-aises qui tourmentent long-tems la vie avant que de la détruire, qui n'ôtent à la douleur tout ce qui abbat, tout ce qui ter-rasse, si je peux parler ainsi, que pour mieux lui laisser tout ce qui inquiète, tout ce qui aigrit, tout ce qui désole, voyez-les se ré-pandre comme une contagion funeste dans toutes les classes de la société ; voyez dans le peuple ces organisations contraintes, mal développées, se traîner en foule entre la peine & la pauvreté, jusqu'au terme de leur carrière déplorable; par-tout voyez l'espéce humaine dépouillée de ces formes souples & faciles que lui avoient données la nature,

---

organisation qui d'un instant à l'autre ne veut pas être physiquement gouvernée de la même manière......
Quel régime, par exemple, pouvoit convenir à l'or-ganisation d'Alexandre.....?

s'éteindre & se renouveller autour de vous dans des générations affoiblies.

A de tels effets, reconnoissez l'influence de ces maladies chroniques si communes aujourd'hui, & sur lesquelles votre Médecine a si peu d'empire, de ces maladies désastreuses comme le tems qui altère sourdement les principes de tous les êtres & les dévore avec lenteur ; cherchez ensuite d'où naissent de telles maladies ; voyez-les résulter toutes de ces dérangemens peu remarqués, même par ceux qui les éprouvent, de ces troubles intérieurs, de ces affections pénibles, que tant de causes ou physiques ou morales produisent chaque jour dans notre organisation ; & puis songez que dans l'état de choses où vous vivez, heurté, pressé en tant de façons différentes par tout ce qui vous environne, chaque instant, pour ainsi dire, vous apporte une modification nouvelle ; & que parmi ces modifications il en est malheureusement bien peu qui ne puissent vous nuire : alors si vous avez mesuré sur vos habitudes, sur vos jouissances, sur tout votre être, sur toute votre destinée, l'action de tant de fléaux auxquels votre existence dans la société vous expose, appré-

ciez, fi vous le pouvez, les avantages qui
doivent réfulter pour l'humanité entière de
cet art de préferver dont je parle, & dont je
voudrois bien que vous entreviffiez comme
moi toute l'importance.

Or maintenant il exifte cet art de préferver ; car il ne peut être autre chofe que la
nature agiffante par les loix qui nous confervent ; & puifque nous connoiffons ces
loix ; puifqu'au befoin nous favons en accroître l'énergie, on voit bien que défor-
mais à côté du mal qui commence, il eft
impoffible que nous ne trouvions pas l'art
qui préferve.

Ne croyez pas néanmoins, & je me hâte
de prévenir une conféquence outrée, ne
croyez pas que cet art qui préferve vous
garantiffe abfolument de tous les maux dont
vous pouvez être la proie. Tout ce qui affecte
d'une manière imprévue & en même tems
très-profonde notre organifation ; ces pertes
inattendues qui laiffent des fouvenirs longs
& pleins d'amertume ; ces événemens dou-
loureux qui opèrent une révolution entière
dans le fyftême de nos habitudes ; tout ce
qui imprime à l'ame un caractère de trif-
teffe, qu'elle fe plaît à nourrir ; de tels maux

n'ont fouvent point de remède ; mais en
général, & je ne veux rien dire de plus,
combien la fomme de nos maux ne fera-
t-elle pas diminuée ? Combien ceux que
nous ne pouvons éviter ne feront-ils pas
adoucis ? En apprenant comment nous appartenons à la nature, comment au befoin
on peut en rendre l'influence plus active, au
moins nous faurons nous tenir plus près
d'elle, & beaucoup d'impreffions qui nous
trouvent trop fenfibles aujourd'hui, ou de-
meureront fans effet, ou cefferont de nous
être funeftes ? & fous ce point de vue l'art
de préferver deviendra pour nous un art
confolateur, une portion de cette philofophie familière qu'il faut bien que chacun fe
faffe au milieu des peines de la vie, philofophie qui malheureufement n'a confifté jufqu'ici qu'en maximes trop fouvent impuif-
fantes contre notre mifère, mais qui éma-
nant enfin de la nature, & nous en appor-
tant toutes les reffources, pourra contribuer, d'une manière efficace, ou à notre
bonheur ou à notre repos.

Voilà le bien que produira la doctrine de
M. Mefmer, confidérée dans fes rapports
avec l'homme individuel. Voici maintenant

17.
Sur l'hom-
me confidéré
dans l'état de
fociété.

le bien qu'elle doit produire, confidérée dans fes rapports avec l'homme vivant au fein de la fociété.

On a beaucoup dit que la doctrine de M. Mefmer détruit les mœurs, & on eft allé jufqu'à prétendre que lors même qu'elle feroit vraie, il faudroit la profcrire. Ceux qui ont ainfi parlé ont bien mal défendu la caufe des mœurs; car enfin il n'y a pas deux vérités contradictoires dans la nature, & fi le Magnétifme animal détruit les mœurs, & fi néanmoins il eft une vérité, & de toutes les vérités phyfiques, la plus importante à notre confervation, il faut donc que les mœurs foient fauffes, qu'elles ne conviennent pas à notre confervation; &, comme on ne doit pas faire le facrifice de la vérité à l'erreur, & fur-tout à une erreur qui nous nuit, il eft donc utile de les détruire.

18.
En infiftant fur fes mœurs.

Laiffons-là tous ces vains raifonnemens; définiffons d'abord ce qu'il faut entendre par mœurs, & puis voyons quelle doit être fur les mœurs l'influence de la doctrine de M. Mefmer, jufqu'à préfent appréciée avec une prévention fi cruelle.

19.
Des mœurs, ce que c'eft.

Les mœurs en général réfultent des rapports des hommes entre eux (13). Il n'y a point de mœurs pour l'homme qui est seul. Elles commencent avec la société, & se composent de celles de nos affections & de nos habitudes, qui ont nos semblables pour terme & pour objet.

Les mœurs sont dans la nature comme une conséquence de cette loi universelle qui fait que tous les êtres se modifient les uns & les autres par une action réciproque, de cette loi qui, en raison de l'analogie plus ou moins grande de leur organisation, les destine plus ou moins aux mêmes impressions, aux mêmes habitudes.

Supposez que la nature nous eût donné des organisations sans aucune analogie entre elles, & qui se seroient mutuellement repoussés, vous ne concevriez pas comment, sous l'empire des mêmes loix, nous aurions obéi aux mêmes habitudes, & l'existence

(13) Il y a cette différence entre les mœurs & la morale, que les mœurs sont le systême ou l'ensemble de nos habitudes, & la morale la règle de nos habitudes; la morale ne varie jamais, il est de son essence d'être immuable; les mœurs varient; elles se perfectionnent ou se dépravent selon qu'elles s'approchent ou s'éloignent de la morale.

des mœurs, comme de la fociété qui les fait
naître, vous paroîtroit impoffible.

Les mœurs commencent dans la famille.
Les rapports qui exiftent entre l'organifation
d'une mère & celle de fon enfant préparent
les premières affections & déterminent les
premières mœurs.

Les mœurs s'accroiffent dans la fociété.
Les rapports qui fe developpent entre l'organifation de l'homme & celle de fes femblables, ajoutent à fes premières affections,
& étendent la fphère de fes premières
mœurs.

Les mœurs font bonnes quand les rapports des hommes entre eux font tellement
ordonnés, que les affections & les habitudes que ces rapports font naître, rendent
l'union des hommes plus intime, & les
accoutument à ne pas féparer leur avantage
de l'avantage de tous.

Les mœurs font mauvaifes quand les rapports des hommes entre eux font tellement
ordonnées, que les hommes n'ont pas les
affections & les habitudes qui doivent les
unir, & que l'avantage de chacun ne produit pas l'avantage de tous.

A côté des bonnes mœurs font les bonnes
opinions,

opinions, c'est-à-dire les opinions qui portent les hommes à s'aimer entre eux.

A côté des mauvaises mœurs font les mauvaises opinions, c'est-à-dire les opinions qui portent les hommes à user des hommes fans les aimer.

Ainsi que les mœurs font dans la nature, les bonnes mœurs font dans la nature bien ordonnée ; & cela non pas simplement, comme on le croit, parce qu'elles rendent les hommes meilleurs, mais parce qu'elles contribuent physiquement à leur mutuelle conservation.

Tout ce qui arrête le développement d'un individu lui nuit. Tout ce qui opère ce développement lui est avantageux. Un homme qui n'éprouve que le sentiment de la haine, de l'orgueil, de la défiance, de la crainte, met involontairement son organisation dans un état de contrainte & il souffre ; un homme dont l'ame est ouverte aux sentimens de l'amour, de l'amitié, qui connoît la confiance, & que la crainte de ses semblables n'a pas encore tourmenté, favorise le jeu de son organisation & il jouit.

De plus une organisation contrainte n'envoie aux organisations avec lesquelles elle

F

correfpond que des fenfations pénibles. Une
organifation développée n'envoie aux organifations qui réagiffent fur elle que des fenfations douces, bienfaifantes. Avec toutes les
paffions, toutes les habitudes que donnent
les mauvaifes mœurs, l'homme ne fe conferve donc pas, il ne conferve donc pas fes
femblables, comme avec les habitudes &
les affections que les bonnes mœurs font
naître. Il eft donc vrai, comme je l'ai dit
quelque part, que la penfée du méchant eft
un obftacle à l'action confervatrice de la
nature (14).

Puifque les paffions & les habitudes avec
lefquelles les mauvaifes mœurs fe compofent n'agiffent pas fur notre organifation
de la même manière que les affections &
les habitudes avec lefquelles fe compofent
les bonnes mœurs, il exiftera donc avec le
tems une différence phyfique entre deux
individus, entre deux peuples qui n'obéiront
pas aux mêmes mœurs. Pour l'obfervateur
le moins attentif, certainement ces deux
peuples, ces deux individus, n'auront pas la
même phyfionomie, & l'on fait que notre

---

(14) Dans un Difcours prononcé dans une Affemblée de la Société de l'Harmonie de Paris.

phyſionomie, en accuſant ou en révélant le ſecret de notre caractère, accuſe ou révèle auſſi le ſecret de notre organiſation.

Notre ſenſibilité n'a qu'une certaine me- ſure; ou elle ſe concentre dans un petit nombre d'objets, & alors elle produit les habitudes, les affections durables & nous avons des mœurs profondes; ou elle s'étend ſur un grand nombre d'objets, & alors elle produit les goûts frivoles & les habitudes faciles à détruire, & nous avons des mœurs légères.

20.
Comment
elles ſe dépra
vent.

Il y a une époque dans les progrès de la civiliſation, où nos mœurs perdent nécef- ſairement de leur force. C'eſt celle où nos arts trop multipliés ont trop accru nos jouiſ- ſances; alors notre ſenſibilité eſt trop parta- gée & devient trop incertaine entre les im- preſſions qu'elle éprouve, pour qu'aucune prédomine avec quelque durée.

Les mœurs légères ſont mauvaiſes; car elles rendent l'homme indifférent à l'homme : elles le ſont encore, parce qu'à l'époque où elles envahiſſent la ſociété, il n'eſt pas aiſé à l'homme d'être bon : à cette époque les arts ont rendu les beſoins plus nombreux; s'il y a plus de jouiſſances, il y a donc auſſi

F 2

plus de privations ; & comme tous veulent jouir, vivre devient un art difficile, que nous ne pouvons presque plus exercer fans nuire à ceux qui vivent avec nous.

Les mœurs ne deviennent pas toujours mauvaises de la même manière.

Chez un peuple auquel la légiflation n'a pas imprimé un grand caractère, & qu'elle n'a pas deftiné au mouvement des grandes paffions, les mœurs deviennent mauvaises, plus en s'affoibliffant qu'en fe corrompant.

Chez un peuple qui doit à fa légiflation un caractère fortement déterminé, & qui connoît les mouvemens orageux des paffions, les mœurs deviennent mauvaises, plus en fe corrompant qu'en s'affoibliffant.

Chez le premier, les affections & les habitudes qui compofent les mœurs s'effacent ; chez le fecond, elles fe dépravent.

Les mœurs font le ciment de l'édifice politique. Avec les loix on élève l'édifice ; avec les mœurs on en lie tous les matériaux. Quand le ciment eft mauvais, l'édifice a peu de folidité ; cependant il ne croule pas toujours, il fe foutient par fa maffe, ou parce que les autres édifices politiques qui pourroient le heurter font peu folides comme lui.

Il y a dans les mœurs une chose qu'on n'a pas remarquée, & qui fait qu'elles exiſtent parce qu'elles ont exiſté, & qu'il eſt comme impoſſible de les réformer quand elles ſont une fois corrompues. C'eſt cette action conſtante des organiſations humaines les unes ſur les autres qui les diſpoſe comme involontairement aux mêmes habitudes.

21.
Difficulté de rétablir les mœurs quand elles ſont dépravées.

Pour nous donner d'autres mœurs que celles de la ſociété à laquelle nous appartenons, il faut, pour ainſi dire, nous défendre de toutes les ſenſations que nous apportent les organiſations qui agiſſent ſur la nôtre.

Pour donner à une ſociété d'autres mœurs que celles qu'elle a, il faut, pour ainſi dire, changer tout le ſyſtême de correſpondance des organiſations qui la compoſent.

Dans ces deux circonſtances, on voit bien que c'eſt la nature elle-même qu'il faut combattre, & la nature qui agit avec tout le mouvement de ſa puiſſance.

Voilà, ſans doute, pourquoi dans Rome, quand les mœurs ont penché vers leur ruine, la légiſlation & la philoſophie ont fait d'inutiles efforts pour rendre leur chûte moins prochaine; voilà pourquoi, à cette époque fameufe dans l'hiftoire des nations, pour donner à l'homme, d'autres mœurs il a fallu une religion nouvelle, c'eft-à-dire, une opinion puiffante, qui l'affectant profondément, modifiât fon être tout entier, & changeât tout le fyftême de fes habitudes (15).

Réformer les mœurs, ce n'eft pas feulement réformer des habitudes morales, c'eft auffi réformer les habitudes phyfiques dont les habitudes morales font toujours enveloppées : & parce que des habitudes phyfiques fe fortifient mutuellement parmi des hommes affemblés, on voit bien qu'une révolution dans les mœurs ne peut jamais être le réfultat d'un évènement ou d'une opinion ordinaire.

Je voudrois parler de nos mœurs.

22.
De nos mœurs ; ce qu'elles font.

J'ai vu l'égoïfme né de l'abus des jouiffances & du defir immodéré de jouir, nous rapprocher fans nous unir. Je l'ai vu nous foulant dans les routes de l'avarice & de

---

(15) Le mot opinion convient à la vérité comme à l'erreur. Une vérité qui n'a pas acquis la force de l'opinion, eft une vérité ftérile qui éclaire peu, qui n'échauffe pas, & n'influe en rien fur le mouvement de la Société.

l'ambition , nous froiffer les uns contre les autres , & brifer tous nos liens & nous meurtrir avec nos liens.

A côté d'un petit nombre d'hommes qui vivent , c'eft-à-dire , qui ont des befoins & qui les fatisfont , j'ai vu beaucoup d'hommes qui fe tourmentent pour vivre , c'eft-à-dire, qui ont des befoins qu'ils s'efforcent vainement de fatisfaire.

Dans un ordre de chofes fi convulfif, j'ai vainement cherché quelque place pour la confiance, pour l'amitié, pour les fouvenirs attachans, pour les fentimens tendres & profonds, pour les affections durables, pour toutes ces opinions qui viennent du cœur, & qui font que l'homme vit en paix à côté de l'homme , & que les deftinées de plufieurs fe confondent doucement dans une feule deftinée.

J'ai jeté les yeux autour de moi, & j'ai vu l'envie, l'envie, cette paffion fi féconde, fi univerfelle & fi trifte , qu'on trouveroit plus ou moins agiffante dans tous les cœurs fi on pouvoit les ouvrir.

J'ai jeté les yeux autour de moi , & j'ai vu quelques vertus générales, réfultat de l'efprit qui combine , plus que du cœur qui

s'abandonne, remplacer cette multitude de
vertus particulières qu'enfante la pitié, la
pitié toujours inquiète, toujours active,
la pitié qui ne calcule rien pour le soulagement de l'espèce humaine, mais qui se
tourmente auprès de l'homme malheureux,
qui souffre à côté de la douleur, & qui ne
s'appaise que lorsqu'elle est appaisée.

J'ai jeté les yeux autour de moi, &, sem-
blable à un de ces végétaux imposteurs qui
couvre d'une ombre meurtriere un sol em-
poisonné, j'ai vu la philosophie (16) qui
se montre toujours dans le déclin des mœurs
& des Empires, étouffer sous son ombre
froide & mortelle, parmi quelques erreurs
funestes, une foule de préjugés utiles (17),

---

(16) Je ne parle ici que de cette Philosophie qui
fait secte, qui dégénère en esprit de parti, &c..... &
non pas de cette Philosophie solitaire qui a fait vivre
Descartes dans la retraite, qui a préparé les méditations & les découvertes des Pascal, des Newton, des
Mallebranche, des Léibnitz, des Loke, des Buffon,
des Rousseau.

(17) En rassemblant autrefois les matériaux d'un
grand Ouvrage sur la Législation & les Mœurs, j'ai
traité cette question : *faut-il des préjugés au peuple,*
& quels sont, dans toutes les circonstances données,
les préjugés qui lui conviennent? C'est-là, selon moi,

tous ces préjugés avec lefquels le peuple affure fes mœurs & qui lui confervent les affections qui le rendent bon , & les vertus dont il a befoin pour fe confoler dans fa misère.

Ainfi , nous n'avons plus de mœurs.

Parce que les événemens & les opinions qui affectent à-la-fois toutes les parties de notre être & opèrent ainfi de grandes révolutions dans les mœurs , ne fe reproduifent pas tous les jours , il feroit bon d'examiner fi on ne modifie pas les mœurs d'une manière plus puiffante en agiffant fur nos habitudes phyfiques, qu'en agiffant fur nos habitudes morales.

Je ne fçais , mais il me femble qu'on ne peut guères agir fur nos habitudes morales fans heurter cet amour propre fi fuperbe qui fe place à côté de nos vices , comme à côté de nos vertus , pour en affurer la durée. En agiffant fur nos habitudes phyfiques au contraire , on n'a pas un tel inconvénient à craindre ; on n'intéreffe alors que l'inftinct de notre confervation , & cet inf-

23.
Poffibilité de rétablir les mœurs en agiffant fur leurs principes phyfiques.

une des plus grandes queftions de la morale politique, & l'une de celle qu'à caufe de fes nombreufes conféquences , il eft le moins facile de réfoudre.

tinct même corrompu veut bien plus facilement ce qui eft bon, que l'amour propre
une fois dépravé ne veut ce qui eft honnête.
Obfervez que chez les anciens qui avoient
une énergie de mœurs fi prodigieufe, prefque toutes les inftitutions avec lefquelles
on formoit les hommes étoient phyfiques;
ils regardoient l'amour propre comme une
puiffance qu'il ne faut pas avertir de fes
forces, & fe contentant, pour ainfi dire,
de préparer à l'ame un domaine facile à
gouverner, ils croyoient avoir beaucoup
fait pour les mœurs quand ils avoient
développé les corps de manière à ne leur
faire contracter que des habitudes faines &
avouées par la nature (18).

Maintenant :

S'il exiftoit une doctrine qui nous apprît
quelle eft en général l'action de la nature

---

(18) Je penfe en général que lorfqu'on cherche à
rendre l'homme meilleur, & par conféquent plus heureux, il ne faut pas agir immédiatement fur fa volonté. La volonté eft un maître qui veut choifir, qu'il
faut fimplement environner de telle forte qu'il choififfe
toujours bien, & qui n'eft plus qu'un efclave corrompu
dès qu'il eft privé de fa liberté; cette vérité fi fimple
eft très-importante en Légiflation. . . . . .

fur l'homme ; comment cette action, ou fufpendue, ou troublée, produit tous les maux qui l'affligent ; comment ainfi que je l'ai prouvé, en augmentant, en variant cette action dans le premier âge, on peut délivrer l'organifation d'un enfant des vices qui la dépravent ; cette doctrine feroit donc utile aux mœurs : car elle influeroit de la manière la plus avantageufe fur le premier développement de l'homme, elle ramèneroit à fes vrais principes phyfiques tout le fyftême de notre éducation, & qui peut mefurer tout le bien qu'on feroit avec un fyftême d'éducation, délivré feulement de toutes les erreurs phyfiques dont nos fyftêmes en ce genre font encore infectés ?

Mefmer par rapport aux mœurs; comment elle peut contribuer à leur rétabliffement.

S'il exiftoit une doctrine qui nous apprît que tous les êtres s'affectent entre eux, & comment ils s'affectent entre eux ; qui nous dît quel eft le produit de ces affections mutuelles parmi des hommes affemblés ; qui nous montrât les impreffions, les fenfations, les habitudes avec lefquelles fe compofent les mœurs, réfultantes de ces affections comme de leur caufe ; cette doctrine feroit donc encore utile aux mœurs : car on a beaucoup fait pour les mœurs quand on

a trouvé pourquoi l'homme devient méchant & malheureux, on fait alors comment
il peut ceffer de l'être.

S'il exiftoit une doctrine qui nous apprît que
la nature nous a donné la faculté d'exercer
fur tous les êtres qui co-exiftent avec nous
un pouvoir confervateur ; qui nous en-
feignât comment, fuivant les circonftances,
on peut rendre ce pouvoir plus actif ; cette
doctrine feroit donc encore utile aux mœurs;
car on devient bon fur-tout par le bien qu'on
fait, & c'eft un grand moyen pour rendre
les hommes meilleurs, que de leur donner
un grand pouvoir de bienfaifance phyfique
à exercer fur leurs femblables, un pouvoir
qui n'éveille l'amour propre ni de celui qui
l'emploie, ni de celui qui l'éprouve.

S'il exiftoit une doctrine qui nous apprît
que ce pouvoir de conferver qui nous a été
donné, eft tel qu'il ne peut être mis en
œuvre fans rappeller à l'ordre inftitué par
la nature, l'organifation fur laquelle il eft
employé ; s'il nous étoit démontré qu'il eft
de l'effence de ce pouvoir de nous rendre
plus fenfibles à cet ordre ; cette doctrine
feroit donc encore utile aux mœurs : car on
a vu que toutes les affections, toutes les ha-

bitudes qui font les bonnes mœurs font dans la nature bien ordonnée, dans la nature qui conferve. Soumettre l'homme à la nature qui conferve ; & je voudrois bien qu'on remarquât cette vérité, c'eft donc le préparer à toutes les affections, à toutes les habitudes dont il faut que fes mœurs fe compofent.

Et fi la doctrine dont je parle étoit quelque jour univerfellement pratiquée ; fi, acquérant la force des grandes opinions, elle replaçoit par-tout l'homme fous l'empire des loix confervatrices de l'univers ; fi, mife au nombre de nos inftitutions domeftiques, elle ordonnoit par-tout nos premières affections, nos premières & nos plus puiffantes habitudes ; fi, mêlée aux inftitutions publiques, par-tout elle ordonnoit les rapports des hommes entre eux, & préparoit les opinions & les loix qui doivent les gouverner. . . . . .

Avez-vous vu dans une campagne fertile des moiffons balancées par le fouffle de ce vent fi foible & fi doux qui fe lève avec l'aftre du jour ; les épis s'approchent & ne fe froiffent pas : ainfi feroient les hommes obéiffans au mouvement des mœurs qu'auroit formées la nature.

Je vais plus loin : j'ai parlé des arts & j'ai dit que, parvenus au dernier période de leurs progrès, ils corrompent les mœurs ; je voudrois examiner fi dans les arts qui appartiennent de plus près aux mœurs, dans les beaux arts par exemple, la doctrine, dont je fais remarquer ici l'influence, ne pourroit pas opérer une réforme utile.

L'objet des beaux-arts, en général, eft de porter à notre ame des fenfations qui l'émeuvent & qui lui plaifent : ils ont donc un rapport héceffaire avec l'économie particulière de l'homme, & on ne peut en déterminer les principes avec quelque certitude, qu'autant que les loix auxquelles notre économie particulière eft foumife feront bien connues.

Il y a dans l'économie particulière de l'homme une manière d'être qui eft celle de l'efpèce & qui fe retrouve dans tous les individus qui la compofent. Il doit donc auffi fe trouver dans les beaux-arts des principes généraux pour émouvoir & pour plaire, qui réfultent de la manière d'être de l'efpèce & qui font invariables comme elle.

L'économie particulière de l'homme peut être plus ou moins altérée ; ce qui plaît, ce qui convient à une organifation altérée, n'est pas ce qui plaît, ce qui convient à une organisation saine. A côté des principes généraux des beaux-arts, il y a donc des principes particuliers qui varient comme les organisations sur lesquelles il s'agit de produire un effet ; les mêmes sons n'affecteront pas de la même manière une oreille grossière & une oreille délicate.

On a vu que tout ce qui contribue au développement de notre organisation nous conserve, que tout ce qui contrarie ce développement nous détruit. Il pourroit donc y avoir dans les arts des sensations, des émotions qui tendroient à nous conserver ; il pourroit donc y en avoir qui tendroient à nous détruire ; telle combinaison de sons trop prolongée suspend le jeu de notre organisation & nous fait du mal, telle autre augmente le jeu de notre organisation & nous fait du bien.

Si notre organisation est altérée, au point qu'elle ne puisse plus être affectée, que par des sensations heurtées, des émotions violentes, les arts ne se composeront que pour lui porter des sensations, des émotions de ce genre, & ils ne seront pas conservateurs, car de telles senfations, de telles émotions ne confervent pas.

Si notre organifation eft affez faine, pour que des fenfations harmonieufes & douces fuffifent pour l'affecter, les arts fe compoferont pour lui porter des fenfations harmonieufes & douces, & ils feront confervateurs, car de telles fenfations, de telles émotions en nous développant nous confervent.

Les arts, quand ils ne nous confervent pas, altèrent encore davantage notre organifation, à peu-près comme les liqueurs fortes dépravent davantage l'eftomac débile auquel on en a fait contracter l'habitude.

26.

De la bonté morale des Arts.

Les arts, quand ils nous confervent, ont une bonté morale; car on a vu que toutes les fenfations, toutes les émotions qui nous font un bien phyfique, font auffi celles avec lefquelles fe compofent les bonnes mœurs.

Les arts, quand ils ne nous confervent pas, font moralement mauvais, car on a vu que toutes les fenfations, toutes les émotions qui nous font un mal phyfique, font auffi celles avec lefquelles fe compofent les mauvaifes mœurs.

Le

Le beau & le bon dans les arts, font la même chofe ; le beau n'eft que le bon confidéré d'une manière fpéculative.

Si j'écrivois fur la légiflation qui a pour objet la confervation & le bien-être des individus exiftans en fociété, je confidèrerois les arts comme diftribuant des fenfations bienfaifantes ou malfaifantes ; d'après cette idée, je rechercherois quand ils peuvent nuire, & jufqu'où ils peuvent nuire ; je verrois fi dans les arts il n'y a pas un point de civilifation au-delà duquel ils font néceffairement dangereux ; je mefurerois le danger des arts d'après leurs effets fur l'organifation phyfique des hommes ; j'effayerois de dire comment il eft poffible de modérer le mouvement des arts, & jufqu'à quel point on peut augmenter ou changer leur moralité, en leur faifant produire les fenfations qui nous rendent ou moins méchans ou meilleurs (19).

Si j'écrivois fpécialement fur l'éducation. je ferois remarquer une grande erreur, je ferois remarquer qu'en inftruifant un en-

---

(19) Je parlerai quelque jour de toutes ces chofes avec plus de détail.

G

fant dans nos arts, c'eft prefque toujours notre fenfibilité que nous lui donnons, & non pas la fienne que nous cherchons à développer. La mufique que nous enfeignons à un enfant, par exemple, eft notre mufique, celle qu'il faut à nos organes peut-être fingulièrement altérés; mais eft-ce la mufique, qui d'après fa conftitution phyfique, doit lui plaire? Eft-ce celle qui doit contribuer à la réforme de cette conftitution phyfique, fi elle eft mauvaife? Eft-ce celle qui ne doit porter à fon oreille que des fons confervateurs? La manière feulement dont nous combinons les fons pour leur faire produire des effets caractérifés, fut-elle dans la nature, eft-elle toujours dans la nature du premier âge, où toutes les émotions pour ne pas nuire, doivent être fimples & douces? Et parce que nous n'avons jamais confidéré les arts, comme pouvant influer en bien ou en mal fur notre exiftence phyfique, entre les fenfations qu'ils peuvent produire, n'avons-nous pas trop peu remarqué, qu'il en eft beaucoup, qui inconfidérément excitées, doivent altérer dans l'enfant la jufteffe de fon organifation, & troubler ou contraindre le développement de fes habitudes.

Mais parler de toutes ces chofes, d'après les idées qui s'amaffent en foule dans ma tête, ce feroit faire un ouvrage dans un autre ouvrage. Seulement ici je veux qu'on obferve que fi les beaux arts uniquement deftinés à augmenter la fomme de nos jouiffances, ont à caufe de cela, un rapport immédiat avec notre exiftence phyfique, c'eft des loix confervatrices de l'homme qu'il faut en faire réfulter les véritables principes, qu'il n'y a de bon dans les arts, que ce qui s'accorde avec ces loix, que tout ce qui les heurte eft néceffairement mauvais; je veux qu'on obferve, que fi toutes les affections, toutes les habitudes, qui font les mœurs douces & pures, font auffi celles qui conviennent à notre confervation, les beaux arts rappellés à leurs principes, peuvent auffi devenir les amis des mœurs; & de cette double obfervation, je veux que l'on conclue qu'une doctrine qui nous fait connoître les loix confervatrices de l'homme, ne peut influer que d'une manière avantageufe fur les arts comme fur les mœurs, foit que l'on confidère les arts en eux-mêmes, foit qu'on les confidère dans leur rapport avec les mœurs.

27.

Influence de la doctrine de M. Mefmer fur la bonté morale des Arts.

G 2

La doctrine de M. Mesmer qui nous apprend quelles sont les loix qui nous conservent, & quel usage il faut faire de ces loix, ne peut donc jamais devenir une doctrine dangereuse. Pour l'homme en société comme pour l'homme individuel, il ne faut donc en attendre que des effets utiles, & aucunes des conséquences fâcheuses qu'on s'est efforcé d'en faire résulter, ne se mêleront aux avantages qu'elle doit produire.

28.
Vue générale sur la théorie du monde , de l'homme, des mœurs & des Arts.

Je mesure de l'œil maintenant la carrière que je viens de parcourir; on n'a pas dû me voir sans un étrange étonnement, avec une seule idée & d'après une seule loi, organiser le système du monde, déterminer les loix conservatrices de tous les êtres, trouver spécialement pour l'homme, les rapports de son économie particulière avec l'économie universelle, créer la théorie de ses sensations, expliquer tous les phénomènes qui résultent de sa co-existence, soit avec ses semblables, soit avec les autres êtres organisés; de-là, l'observant d'une manière plus intime, découvrir les principes physiques de son éducation, enseigner l'art de rendre sa destinée moins malheureuse, en lui fai-

fant éviter, ou en adouciffant les maux auxquels il peut être expofé; puis defcendant
jufques dans le fein des mœurs & des arts,
prendre dans les mœurs & dans les arts,
tous les élémens phyfiques qui peuvent s'y
trouver; faire remarquer comment fous ce
point de vue, ils appartiennent encore à
cette idée, à cette loi avec laquelle tout a
été fait, & avec cette feule idée, & cette
feule loi, montrer la poffibilité d'une révolution dans les arts & dans les mœurs.

Et cependant ce n'eft qu'ainfi que tout
doit fe développer & s'enchaîner dans l'univers. Une feule idée puiffante comme l'E-
ternel dont elle émane, eft defcendue dans
la nuit du cahos; elle a repofé fur les germes
innombrables dans lefquels dormoit la vie
de tous les êtres fucceffivement deftinés à
l'exiftence, & le mouvement a commencé:
& obéiffant à une loi unique, le mouvement a tout ordonné pour une grande &
profonde harmonie; & toutes les combi-
naifons des êtres font venues fe perdre & fe
renouveller dans une feule combinaifon;
& toutes les variétés des êtres font venues fe
confondre & fe reproduire dans l'unifor-
mité de l'ordre général; & tout ce qui ap-

partient au développement des êtres & à leur confervation, tous les phénomènes qu'ils offrent dans le cours plus ou moins long de leur durée, a été le réfultat d'une feule caufe, & va fe terminer conftamment à un feul effet; & l'univers vivant par le mouvement, contenant toutes les fucceffions, toutes les reproductions, comme des accidens néceffaires de fon exiftence, développant dans fon fein, la deftinée de l'infecte & la deftinée des mondes, s'eft avancé, paifible comme Dieu, dans la route de l'éternité.

§. I I I.

29.

Que le Magnétifme animal peut être démon-tré phyfique-ment, & de quelle ma-niere il peut être démon-tré.

J'ai peu de chofes à dire dans cette troi-fième partie. Je crois qu'il n'eft guères poffible de me contefter à préfent l'exiftence & l'utilité du Magnétifme animal ; mais peut-on démontrer phyfiquement cette exiftence & cette utilité, & de quel genre de preuves phyfiques le Magnétifme animal eft-il fufceptible ?

Il faut fe rappeller que j'ai nommé Magnétifme univerfel, cette influence réciproque qui réfulte de l'action ou de la gravitation de tous les êtres entre eux, influence plus ou moins considérable en raison de la masse des êtres, de leurs distances & de leur analogie.

Il ne faut pas perdre de vue que le Magnétisme universel s'exerce au moyen d'un milieu ou d'un fluide dans lequel tous les êtres sont plongés , & qui transmet de l'un à l'autre l'action mutuelle qui les modifie.

Enfin, il faut se rappeller que ce que j'ai nommé Magnétisme animal, est cette propriété qui rend les êtres animés susceptibles du Magnétisme universel, ou de l'influence réciproque de tous les êtres entre eux.

· Cela posé :

L'influence d'un être est plus ou moins étendue, selon que cet être détermine des mouvemens plus ou moins généraux dans le fluide universel dont il est environné.

Ainsi dans notre système, le soleil a une influence plus étendue que les planètes , parce que les mouvemens que le soleil imprime au fluide universel dans notre système, sont plus généraux que ceux qu'y impriment les planètes.

L'influence d'un être est plus ou moins profonde, selon que le mouvement que cet

être imprime au fluide univerſel eſt, relatï-
vement aux êtres qu'il modifie, plus ou
moins confidérable.

· Ainſi le ſoleil imprime un mouvement
incomparablement plus fort au fluide univerſel que la lune; mais parce que la lune
eſt beaucoup plus voiſine de nous que le
ſoleil, ſon mouvement ſur le fluide univerſel eſt par rapport à nous, plus fort que
celui du ſoleil, & dès-lors ſon influence ſur
notre organiſation devient plus active &
plus pénétrante.

30.
Il exiſte dans
la nature une
influence qui
enveloppe &
rectifie tou-
tes les in-
fluences des
êtres parti-
culiers entre
eux.

Les influences des êtres s'enveloppent &
ſe rectifient entre elles en raiſon de l'étendue
de leurs ſphères d'activité, c'eſt-à-dire, que
les plus grandes influences enveloppent &
rectifient les plus petites.

Ainſi l'influence des êtres animés entre
eux, très-ſpontanée & très-irrégulière, eſt
enveloppée & rectifiée par l'influence plus
régulière & nullement ſpontanée, qui s'e-
xerce entre la terre, la lune & les autres
corps céleſtes. L'influence des planètes entre elles eſt enveloppée & rectifiée par l'influence du ſoleil, lequel voit à ſon tour ſon
influence ſur les autres ſoleils qui ſe balancent avec lui dans l'eſpace, enveloppée &

rectifiée par le mouvement auquel obéit l'océan des mondes dans lequel il eft plongé.

Les petits mouvemens dans l'univers font difficilement bien réglés, parce que ce font des êtres qui participent plus ou moins à l'intelligence & à la liberté qui les produi-fent. Ces mouvemens finiroient par opérer un bouleverfement général, s'ils n'alloient fe perdre & fe rectifier dans des mouve-mens plus vaftes, & enfin dans le mouve-ment qui enveloppe & rectifie tous les au-tres (20).

Le défordre vient en mourant, pour ainfi dire, jufqu'au pied du trône de l'Eternel, & de-là retourne fans ceffe un mouvement réparateur, qui tend à effacer toutes les aberrations des mouvemens particuliers, à rétablir l'équilibre des êtres & à les compo-fer entre eux pour une même harmonie.

La grande influence qui réfulte de ce mouvement réparateur, l'influence qui en-veloppe & rectifie toutes les autres, eft à proprement parler, ce qu'on doit appeller

31.
Cette in-fluence s'e-xerce au moyen d'un mouvement réparateur, de tous les défordres que les in-fluences par-ticulières ont pu produire. Cette in-fluence eft à proprement parler, ce qu'il faut ap-peller Ma-gnétifme uni-verfel.

---

(20) C'eft ainfi que la liberté des êtres animés s'ac-corde avec la néceffité de l'ordre dans l'univers. Je prie qu'on réfléchiffe bien fur cette idée, dont je ferai remar-quer en un autre tems toute la profondeur.

Magnétifme univerfel. Il faut retenir ces principes.

Maintenant :

Un tout ne fe maintient ce qu'il doit être, que lorfque les parties qui le conftituent font tellement diftribuées, qu'il exifte entre elles un équilibre parfait. Interrompez cet équilibre & le tout eft détruit.

Je viens de le dire, & je me fuis contenté de le dire fans le prouver, parce qu'une telle vérité n'a pas befoin de preuves, l'univers lui-même ne fubfifte que parce que les êtres qui le compofent font fans ceffe ramenés par le mouvement univerfel à l'équilibre dont je parle ; fuppofez un inftant cet équilibre rompu pour n'être point rétabli, & l'univers ne fubfiftera pas.

Un corps organifé fera donc tout ce qu'il doit être, fi entre fes parties conftituantes, il règne un équilibre ou un accord parfait.

Un corps organifé ne fera donc pas tout ce qu'il doit être, fi l'équilibre ou l'accord qui devroit régner entre fes parties conftituantes, n'exifte pas.

Dans le premier cas, le corps organifé eft fain.

Dans le fecond cas, il eft malade (21).

Que le corps organifé foit fain ou malade, il eft également modifié par le Magnétifme univerfel, ou par cette grande influence qui maintient l'univers.

Mais fi le corps organifé eft fain, cette influence eft infenfible pour lui ; elle ne devient fenfible que lorfqu'il eft malade.

Il faut expliquer ceci.

Nos fenfations ne doivent pas être confondues avec les impreffions que produifent fur les organes de nos fens, les objets qui nous environnent. Touchés de toute part & dans tous les points par ces objets, nous recueillons beaucoup d'impreffions à-la-fois, & cependant nous n'avons à-la-fois qu'une fenfation.

Cette fenfation unique réfulte toujours de celle des impreffions que nous éprouvons qui eft la plus forte, & entre plufieurs impreffions données, celle-là eft toujours la plus forte, qui intéreffe le plus notre confervation.

Cette plus forte impreffion arrivant juf-

32.
Le Magnétifme univerfel n'eft pas fenfible pour les organifations faines, il ne le devient que pour les organifations malades. Pourquoi.

33.
Réflexions fur les fenfations ; ce que c'eft.

(21) Voilà pourquoi M. Mefmer a dit qu'il n'y a qu'une maladie ou une manière d'être malade.

qu'à notre ame, nous avertit rapidement
de ce que nous avons à craindre ou à eſpérer
au dehors, & la ſenſation qu'elle produit
exprime la différence de l'état où nous étions
avant que de l'avoir reçue, à l'état où nous
ſommes au moment où nous la recevons.

Sentir, n'eſt donc autre choſe qu'éprouver
toutes les différences d'être qui peuvent ré-
ſulter pour nous de l'action des cauſes multipliées qui nous modifient. Quand on vous
demande ſi vous êtes affecté par telle ſenſation, que faites-vous? vous recherchez ſi
votre manière d'être diffère, au moment
où l'on vous interroge, de celle que vous
aviez auparavant.

Une impreſſion unique prolongée ſur
toute une vie, ne donneroit donc pas de
ſenſation à l'être qui la ſubiroit. Un tel être
ne ſeroit pas inſenſible s'il étoit conſtitué
pour ſentir, mais il ne ſentiroit pas.

Tant qu'un corps organiſé eſt dans cet
état d'équilibre qui conſtitue la ſanté, il ne
doit donc pas ſentir le Magnétiſme univerſel
ou l'influence qui tend ſans ceſſe à maintenir cet équilibre; car il n'y a pas deux
façons d'être en équilibre. Et vous voyez
bien, par exemple, que ſi votre organiſa-

tion eft en équilibre durant une année, la force qui fait qu'elle eft en cet état, agit abfolument de la même manière dans tous les inftans de l'année ; elle ne produit donc dans tous les inftans de l'année que la même impreffion : d'après ce que je viens de dire, elle doit donc abfolument vous laiffer infenfible.

Le corps organifé eft-il malade; les chofes changent : le corps organifé n'eft malade, comme on vient de le voir, que parce qu'il n'y a plus d'équilibre entre les parties qui le compofent.

Mais, dès que l'équilibre par lequel un tel corps éft confervé ne fubfifte plus, il faut abfolument que ce corps fe diffolve, comme il faut qu'un édifice s'écroule fitôt auffi que l'équilibre qui en maintient toutes les parties ceffe d'exifter.

Cependant le corps organifé qui a perdu fon équilibre ne fe diffout pas toujours, & cela parce qu'il exifte dans la nature une force qui tend continuellement à le ramener à fon premier état.

Et cette force, je n'ai pas befoin de le répéter, eft le Magnétifme univerfel, ou cette grande influence qui, par un mouvement général, tend continuellement à corriger les aberrations ou les défordres que les mouvemens particuliers ont produits.

Ainfi, tandis que par fon défaut d'équilibre, le corps organifé lutte fans ceffe vers fa deftruction, la force dont je parle en le rappellant à l'équilibre, agit fans ceffe pour fa confervation.

Mais de-là, & par une conféquence infaillible, que doit-il réfulter ? Une action conftante de la caufe qui détruit fur la force qui conferve, une réaction conftante de la force qui conferve fur la caufe qui détruit ; de-là, l'impoffibilité d'une action uniforme de la part de la force qui conferve, puifqu'à chaque inftant elle eft heurtée par la force qui détruit ; de-là, deux manières d'être fe fuccédant & fe contrariant fans ceffe dans le corps organifé, l'une produite par la force qui conferve, l'autre produite par la caufe qui détruit ; de-là enfin, la douleur, qui, par une fuite d'affections pénibles, exprime la différence de ces deux manières d'être, & par la douleur, le Magnétifme univerfel devenant fenfible, de la même façon que toute autre force devient fenfible quand elle rencontre une réfiftance.

34.
De la douleur : ce que c'eft.

Ainsi, le Magnétisme universel ne peut produire des sensations dans le corps organisé, que lorsqu'il est malade; ainsi, parce que la douleur est la sensation qu'il produit, parmi les êtres soumis à son action, il n'y a que les êtres qui ressentent la douleur, ou qui souffrent, qui peuvent servir à constater son existence.

Les êtres malades sont donc les seuls sujets propres aux expériences qu'il faut faire pour parvenir à connoître d'une manière sensible, & la réalité du Magnétisme universel, & la réalité du Magnétisme animal, qui n'est autre chose, comme on sait, que la faculté de subir l'action du Magnétisme universel.

35.
Les organisations malades sont donc les seules qui peuvent fournir des preuves physiques de l'existence du Magnétisme universel & du Magnétisme animal.

Cette vérité reconnue.

De quel genre doivent être sur les corps malades les expériences qui peuvent nous conduire à la démonstration physique de l'existence du Magnétisme universel & du Magnétisme animal.

Dans mes principes & d'après les idées que je viens de développer, la douleur est bien une preuve physique de ce double Magnétisme, puisqu'elle est un effet du Magnétisme universel, & qu'elle suppose

36.
De quelle espèce doivent être ces preuves physiques.

dans l'être qui l'éprouve le Magnétifme animal. Mais le raifonnement feul m'a conduit à cette nouvelle manière d'envifager la douleur, & fans le concours du raifonnement, n'exifte-t-il pas, dans un certain ordre d'expériences, d'autres preuves phyfiques & du Magnétifme univerfel & du Magnétifme animal.

37.
Comment le corps organifé devient malade.

Ici, j'aurai peut-être quelque peine à me faire entendre. Un corps organifé ne devient malade, ou ne perd l'équilibre, par lequel fe maintiennent entre elles les particules de matière qui le compofent, que parce que ces particules de matière font combinées autrement qu'elles ne devroient l'être. Suppofez les particules de matière qui compofent le corps organifé, combinées comme il convient, l'équilibre qui les maintient fubfiftera, & je vous défie de concevoir pour le corps organifé la poffibilité d'une maladie.

Ce font donc des particules de matière, combinées dans le corps organifé autrement qu'il ne faut, qui forment la maladie, ou cette réfiftance dont je viens de parler contre laquelle lutte fans ceffe l'action confervatrice de la nature.

Et

Et l'action confervatrice de la nature
s'exerce, comme on le fait, au moyen du
fluide univerfel répandu dans l'efpace, fluide
qui tend continuellement à vaincre les obfta-
cles par lefquels eft brifé le mouvement réparateur de l'univers auquel il obéit, fluide
qui agit de telle manière, obfervez bien
ceci, que de l'obftacle même qui lui réfifte,
réfulte l'effort qu'il fait pour le détruire.

Je vais me fervir d'une comparaifon prefque
triviale, mais elle expliquera clairèment ce
que je veux dire : fuppofez un pont jeté
fur une rivière par-tout également profonde & tranquille, & recevant cette rivière
dans des arches diftribuées fuivant les pro-
portions les plus exactes ; par un accident
quelconque fous une des arches fe forme
un lit de gravier ; qu'arrive-t-il alors ? que
la rivière lutte contre le gravier qui s'oppofe
à fon paffage, qu'elle lutte par l'effet de la
réfiftance même qu'elle éprouve, qu'elle
lutte avec d'autant plus d'impétuofité que la
réfiftance devient plus confidérable.

Eh bien, la rivière profonde & tranquille,
c'eft le fluide univerfel obéiffant à l'action
harmonieufe & puiffante de la nature.

Le pont jeté fur la rivière, c'eft le corps

H

organifé, pénétré en tous fens par le fluide univerfel.

Le gravier, c'eft la maladie.

Le gravier qui rend la rivière plus impétueufe à mefure qu'il devient plus confidérable, c'eft la maladie qui rend l'action de la nature plus énergique, en raifon de l'obftacle qu'elle lui préfente à combattre.

38.
Vues générales fur la nature, opérant fans ceffe la confervation des êtres & leur rétabliffement.

Avant que d'aller plus loin, je defire qu'on remarque ici trois idées d'une vafte étendue. La première, que la nature veut toujours guérir, puifqu'elle veut effentiellement l'ordre & qu'il exifte en elle un mouvement réparateur qui tend fans ceffe à le reproduire; la feconde, que c'eft toujours la nature qui guérit, car fi elle ne vouloit pas guérir, & fi le mouvement dont je parle n'exiftoit pas dans fon fein, je demande comment on s'y prendroit pour opérer une guérifon; la troifième, que la nature ne guérit que par des crifes, c'eft-à-dire, par un combat entre elle & le mal qu'elle veut détruire, combat qu'il importe d'autant plus de ne pas interrompre dans les momens de fa grande activité, qu'en rendant alors l'action de la nature plus énergique, il en augmente infailliblement l'efficacité;

cette seule idée que je vois descendre des hauteurs du système du monde, quand elle sera bien approfondie, bannira de la médecine une foule d'erreurs.

Je continue :

Si l'ordre dans lequel nous existons n'étoit pas depuis long-temps dépravé ; si les maux dont nous sommes la proie n'étoient pas maintenant presque toujours le produit de quelque cause lente, opiniâtre & profonde, sans doute la nature suffiroit toujours seule au rétablissement de notre organisation altérée ; elle seroit pour nous ce qu'elle est pour l'animal, sur-tout pour l'animal libre des liens de la domesticité, & offrant à son action bienfaisante un instinct que la servitude n'a pas corrompu ; comme l'habitant des forêts, sitôt que nous subirions quelque impression douloureuse, nous trouverions sans effort, & par le mouvement involontaire de notre organisation, la position qui nous convient le mieux, celle qui doit rendre le mouvement réparateur, dont je viens de parler, plus efficace ; & paisibles, & résignés, & ne connoissant pas ces inquiétudes cruelles qui ajoutent à la douleur l'accablante tristesse, pire encore cent fois que la douleur, nous abandonnerions entièrement à la nature le foin de réparer fon ouvrage (22).

Mais nos maux aujourd'hui ne font pas plus fimples que nos befoins; mille circonftances concourent à les faire naître; mille autres circonftances les maintiennent quand ils exiftent une fois, & s'ils ne cèdent en effet qu'à l'action de la nature, trop fouvent, on doit en convenir, la nature eft impuiffante pour les détruire.

Il faut donc bien alors aider la nature.

39.
Deux manières d'agir fur le corps organifé malade.

Or, elle ne peut être aidée que de deux manières, ou en diminuant par des moyens qui lui font étrangers l'obftacle qui s'oppofe à fon action, ou en rendant fon action contre cet obftacle plus pénétrante & plus énergique.

40.
L'une incertaine & dangereufe, & c'eft celle de la Médecine ordinaire.

La première manière, eft celle de la Médecine, telle que nous la pratiquons aujourd'hui; cette manière eft néceffairement dangereufe, parce qu'il eft impoffible, quoiqu'on en dife, de la faire réfulter

---

(22) Si on avoit bien étudié la Médecine inftinctive des animaux, il y a long-tems qu'on auroit remarqué les rapports qui exiftent entre l'art de guérir & la théorie du monde.

de règles certaines. Pour qu'elle résultât de règles certaines, il faudroit qu'elle nous fournît un moyen conftant de trouver dans le corps organifé le lieu où réfide l'obftacle qui s'oppofe au mouvement réparateur de la nature ; il faudroit de plus qu'elle nous fît connoître exactement comment agiffent les forces, c'eft-à-dire, les remèdes que nous pouvons employer pour vaincre cet obftacle, & la quantité de leur action dans chaque circonftance donnée ; or, qui ofera me dire qu'il exifte dans la Médecine ordinaire un moyen conftant de trouver l'obftacle dont je parle ? Qui ofera me dire que cet obftacle n'eft pas fouvent caché de telle forte qu'il échappe à la fagacité la plus exercée ? Qui eft-ce qui a faifi, je le demande, les rapports qui peuvent fe trouver entre une organifation fouffrante, & le remède employé pour la délivrer de la douleur ? Qui eft-ce qui a mefuré l'action des remèdes à travers la prodigieufe variété des tempéramens & des âges ? Et fi prefque jamais vous ne pouvez raffembler que des doutes, & fur le mal qu'il vous faut combattre, & fur l'effet des reffources que vous mettez en œuvre pour le détruire ; oh !

H 3

combien de fois ne peut-il pas arriver que vous vous trompiez & fur le mal & fur le remède, que vous agiſſiez contre la nature qui veut guérir, & non pas contre le mal dont vous êtes empreſſé de ſuſpendre les progrès ; & qu'eſt-ce alors, je vous prie, que l'art que vous profeſſez? Pour l'homme qui a le plus de génie, qu'eſt-il autre choſe que l'art d'aſſembler aſſez ſouvent, ſi vous le voulez, d'heureuſes conjectures ? Mais dans les mains de l'homme qui n'a point de génie, dans les mains de cette foule d'hommes médiocres qui le pratiquent chaque jour avec tant d'effronterie dans la ſociété, qu'eſt-il ? Quand vous meſurez ſes ravages, je vous le demande, n'êtes-vous pas tenté cent fois de le regarder comme le droit funeſte de dicter des proſcriptions & d'exercer des vengeances ?

41.
L'autre infaillible comme la nature, dont elle émane, & dont elle accroît l'énergie.

La ſeconde manière d'aider la nature eſt, ainſi que je viens de le dire, d'augmenter ſon action ſur le mal qu'on veut détruire ; celle-là ne peut jamais être que bienfaiſante ; car qu'eſt-ce que l'action de la nature ſur les corps organiſés ? C'eſt une action qui, comme on l'a vu, tend ſans ceſſe à maintenir dans chaque corps organiſé cet équilibre précieux qui le conftitue ce qu'il doit être ? Rendre l'action de la nature plus énergique, c'eft donc faire enforte que le mouvement par lequel elle rappelle tous les êtres à l'équilibre, s'applique d'une manière plus immédiate & plus déterminée à tel ou tel corps (23); c'eft donc agir néceffairement pour que tel ou tel corps retrouve fon équilibre quand il l'a perdu; c'eft donc agir néceffairement d'après la loi qui conferve, & l'art qui nous apprendroit à faire ufage de cette loi & à en accroître au befoin l'énergie, ne feroit donc jamais en dernière analyfe que l'art d'employer la nature qui ne peut pas vouloir le mal & qui fait fans ceffe effort pour le combattre (24).

Or maintenant, & je prie qu'on me fuive avec quelqu'attention, fi un tel art exiftoit &

42.
Si cette fe-
conde ma-

_____

(23) Voilà pourquoi M. Mefmer a dit qu'il n'y a qu'un remède ou une manière de rétablir la fanté.

(24) Le moment où un homme ceffant de fe confier à la nature, a abandonné à un autre homme le foin de fa confervation, a peut-être été l'époque des premières fuperftitions dans l'univers; quel fervice ne rendra pas au genre humain celui qui fera de la connoiffance & de l'étude des loix confervatrices de tous les êtres une partie de notre éducation.

s'il réſultoit des principes que j'ai expoſés ſur le Magnétiſme univerſel & ſur le Magnétiſme animal, & s'il n'étoit qu'une conſéquence & une application de ces principes, le Magnétiſme univerſel & le Magnétiſme animal prouvés, je crois, d'une manière victorieuſe par les raiſonnemens que j'ai faits ſur le ſyſtême de la gravitation dans la première partie de cet Ouvrage, ſeroient donc encore phyſiquement démontrés.

Car, vous voyez bien que ſi vous parvenez à rétablir ou à ſoulager des organiſations malades, en n'employant d'autre moyen que l'influence qui réſulte de la gravitation ou de l'action mutuelle de tous les êtres entre eux, en ſoumettant ſimplement ces organiſations par un procédé quelconque, d'une manière plus immédiate qu'elles ne le ſont ordinairement à cette influence ſalutaire, vous voyez bien qu'il ſera phyſiquement établi : 1°. que l'influence univerſelle qui réſulte de l'action réciproque de tous les corps entre eux eſt vraiment le moyen par lequel la nature développe & conſerve tous les êtres ; 2°. qu'il exiſte dans tous les corps organiſés une propriété qui les rend ſuſceptibles de cette influence ;

3°. qu'il est possible d'augmenter l'énergie de cette propriété ; 4°. que la vraie Médecine ne peut être autre chose que la connoissance & la pratique des procédés qu'il faut mettre en œuvre pour accroître cette énergie, c'est-à-dire, si je ne me trompe, vous voyez bien que tous les principes de la Doctrine de M. Mesmer sur le Magnétisme universel & sur le Magnétisme animal seront physiquement démontrés.

Ainsi donc, & je crois que je peux regarder cette proposition comme incontestable, on démontrera physiquement le Magnétisme toutes les fois qu'on opérera dans un être malade, avec les procédés qui résultent de la connoissance du Magnétisme, ou un soulagement, ou une guérison.

Mais à coté du Magnétisme, n'y auroit-il pas une cause à laquelle on pourroit attribuer les guérisons & les soulagemens qu'on croit devoir à son application ? L'imagination, par exemple, ne feroit-elle pas toute seule ce qu'on supposeroit produit par l'emploi de ses procédés ? On sait combien l'imagination est puissante, & il y a des exemples rares, sans doute, mais frappans,

43.
Mais les effets produits par cette seconde manière ne peuvent-ils pas être attribués à l'imagination ?

des révolutions qu'elle peut opérer dans une organisation malade.

Ceci vaut la peine d'être examiné.

M. Bailly a beaucoup parlé de l'imagination : mais quoiqu'il en ait beaucoup parlé, il me semble encore, qu'il faut que je dise ce que c'est & de quelle manière elle agit.

44.
Ce que c'est que l'imagination, ce qu'elle est dans l'homme & dans la femme, ce qu'elle est par rapport à l'esprit ; comment elle modifie les corps organisés, & quelle est la durée de son action.

L'imagination, considérée dans ses effets physiques, est une faculté qui modifie notre organisation, de manière à lui faire éprouver en l'absence des objets des impressions semblables à celles qu'on doit à leur présence, ou en la présence des objets des impressions ou plus fortes ou plus foibles que celles que les objets peuvent naturellement produire.

L'imagination se mêle plus ou moins, mais presque toujours aux diverses sensations que nous éprouvons.

Nous avons rarement des sensations simples, c'est-à-dire, qu'à la sensation qu'un objet produit, se mêle très-ordinairement le souvenir d'une sensation antérieurement éprouvée ; un danger rappelle un autre danger, un plaisir un autre plaisir ; le souvenir de la peine autrefois ressentie, rend plus insupportable la peine dont nous sentons actuellement les atteintes ; nous comparons fans ceffe , & par un jugement très-rapide, ce que nous fommes à ce que nous fûmes, & il n'eft prefque aucune des impreffions que nous recevons qui ne fe trouve ainfi modifiée en plus ou en moins par les impreffions que nous avons reçues.

L'imagination ne peut exifter fans la mémoire, c'eft-à-dire , fans cette faculté qui lie le paffé au préfent , qui conftitue le moi de chaque être & qui fait que les inftans de leur durée ne demeurent pas épars, fi je peux me fervir de ce terme , mais fe fuccèdent & s'enchaînent pour compofer une feule vie.

L'imagination n'eft cependant pas la mémoire ; la mémoire rappelle les fenfations, les idées paffées , l'imagination les ajoute aux fenfations , aux idées préfentes pour en augmenter ou diminuer l'intenfité. Vient enfuite l'efprit qui opère fur le travail de l'imagination & qui en rectifie prefque toujours les réfultats.

Quand on examine les facultés de l'homme d'une manière phyfique , on voit qu'il n'en eft aucune qui n'ait un rapport très-effentiel à fa confervation ; cette imagination, que Mallebranche appelloit la folle de la maison, est cependant nécessaire à notre existence, elle veille, pour ainsi dire, sur les mouvemens de tous les êtres dont nous sommes entourés, & nous donne promptement les modifications qui nous conviennent en conséquence du bien ou du mal qu'ils peuvent nous faire.

L'imagination dans la femme est plus mobile que dans l'homme, & il falloit que cela fût ainsi, parce que la femme, destinée par la nature au premier développement de l'enfance, doit avoir une prévoyance, une activité de tous les instans, & pouvoir se détacher en quelque sorte de plusieurs sensations, de plusieurs idées qu'elle vient d'assembler, pour en assembler subitement plusieurs autres, selon les dangers & les besoins de la famille naissante.

L'imagination dans l'homme est plus forte que dans la femme, c'est-à-dire, qu'elle rapproche une plus grande quantité de sensations & d'idées, & qu'elle y tient davantage; & il falloit que cela fût ainsi, parce que l'homme obligé d'assurer audehors & d'une manière durable l'existence de la famille, forcé de prévoir au loin &

pour long-tems, ne devoit pas fe laiffer modifier par toutes les impreffions que les objets extérieurs peuvent apporter à fes fens.

Si je parlois de l'imagination relativement à l'efprit, je dirois que la femme a plus de graces dans l'efprit que l'homme, parce que la grace confifte dans le mouvement facile des idées ; je dirois que l'homme a plus d'énergie & d'étendue dans l'efprit que la femme, ou, ce qui eft la même chofe, plus de génie, parce que le génie confifte à opérer fur beaucoup d'idées, & à les raffembler pour de grands réfultats (25).

Il y a quelque chofe au-deffus de la grace, c'eft le charme, & il réfulte d'un certain abandon, d'une certaine molleffe, d'une certaine négligence dans le mouvement des idées ; le charme eft à la grace, ce que la volupté eft au plaifir.

---

(25) Je voulois parler ici de l'éloquence, & dire comment l'éloquence qui ne peut exifter fans l'imagination, réfulte des loix qui nous confervent. Je voulois donner l'analyfe phyfique des effets que produit l'éloquence, & en conféquence déterminer les règles auxquelles l'art de parler doit être affujetti ; mais tout cela me menoit trop loin, & faifoit perdre de vue le fujet que je traite. . . . . . .

L'imagination agit fur notre organifation, ou en la contraignant ou en la développant; elle contraint notre organifation, par exemple, à la vue d'un danger, quand elle raffemble des idées qui peuvent nous en infpirer l'effroi, toutes les fois qu'elle nous foumet à une impreffion fâcheufe; elle développe notre organifation à la vue d'un objet qui nous plaît, quand elle raffemble des idées qui peuvent nous en rappeller le fouvenir, toutes les fois que nous fommes modifiés par une impreffion favorable.

L'imagination dans l'homme malade peut donc faire ou du bien ou du mal; elle fera du bien, fi en le livrant à des impreffions agréables & douces, elle développe fon organifation, car elle aidera l'action confervatrice de la nature, qui, comme en l'a vu, ne conferve qu'en développant; elle fera du mal, fi en le livrant à des impreffions importunes & chagrines, elle contraint fon organifation, car l'action confervatrice de la nature n'a qu'une influence bien foible fur une organifation contrainte, & dont une caufe quelconque empêche le développement.

L'imagination fait plus souvent du mal que du bien, car dans l'état actuel des choses, nous avons plus souvent à craindre qu'à espérer, nous recueillons plus d'inquiétudes que de jouissances. Sitôt que nous sommes affectés par la douleur, habituée à rassembler plus d'idées pénibles que d'idées consolantes, l'imagination nous nuira donc plus qu'elle ne nous servira; l'homme du peuple, l'homme qui vit aux champs, quand il est malade, guérit bien plus vîte & mieux que l'homme qui vit dans le monde; & pourquoi? parce que son imagination presque nulle, n'ajoute rien à ses maux réels; il souffre sans se tourmenter, & la nature, lorsqu'elle n'est pas détournée par le Médecin, se rétablit avec la vie dans son organisation, comme un fleuve arrêté quelques instans par un obstacle imprévu, reprend par le simple mouvement de ses eaux son cours accoutumé.

L'imagination soit qu'elle fasse du bien, soit qu'elle fasse du mal, ne peut être excitée que par des idées ou des sensations nouvelles. Pour l'obliger à se mouvoir, il lui faut ou parmi les objets sensibles ou parmi les objets intellectuels, un objet qu'elle

n'ait point apperçu & qui éveille par une
impreſſion ſoudaine ou ſa vigilance ou ſa
curioſité; mais toute ſenſation long-tems
prolongée, toute idée long-tems préſente
la laiſſe ſans activité; elle a fait pour une
telle ſenſation au moment où elle l'a éprouvée, pour une telle idée au moment où elle
l'a reçue, tout ce qu'elle pouvoit faire, & à
côté de cette ſenſation, de cette idée, elle
demeurera conſtamment en repos, à moins
que d'autres ſenſations, d'autres idées en ſe
mêlant à celles-là, & en leur donnant un
autre caractère, ne la contraignent à s'en
occuper encore.

Ainſi en réſumant ce que je viens de dire,
comme nos autres facultés, l'imagination
nous a été eſſentiellement donnée pour
notre conſervation; ainſi dans l'ordre de
choſes où nous vivons, quelquefois elle
produit des effets utiles; ainſi, parce que
cet ordre eſt rarement celui qui nous convient, le plus ſouvent elle ne produit que
des effets funeſtes; ainſi parce que dans cet
ordre la plupart des objets ſur leſquels elle
s'exerce, n'apportent à notre ame que des
ſenſations ou des idées importunes, plus
elle aura de force & d'activité, & plus facilement

lement elle ſera dangereuſe ; ainſi parce qu'il eſt de ſa nature de n'être excitée que par des idées & des ſenſations nouvelles, ſoit qu'elle agiſſe en bien, ſoit qu'elle agiſſe en mal, elle agira moins, ſitót que les ſenſations & les idées qui l'auront miſe en jeu perdront de leur nouveauté, elle n'agira plus, ſitôt que ces ſenſations & ces idées deviendront anciennes.

Et que conclure de tout cela ? qu'il eſt poſſible que l'imagination ſeconde les effets du Magnétiſme animal, mais qu'il eſt très-poſſible auſſi & indépendamment de toute circonſtance donnée, qu'il doit être plus ordinaire, qu'elle contrarie ou trouble ſon action ?

Que conclure encore de tout cela que pour que les effets du Magnétiſme animal puſſent être confondus avec ceux de l'imagination, il faudroit que les procédés que le Magnétiſme animal met en œuvre fuſſent de nature à ne laiſſer jamais repoſer l'imagination & à l'entretenir dans une perpétuelle activité ? qu'il faudroit que les maladies ſoulagées ou guéries par le Magnétiſme animal, fuſſent toutes d'une telle eſpèce, qu'elles puſſent offrir ſans ceſſe à

45.
Que les procédés réſultans de la connoiſſance du Magnétiſme ont une efficacité indépendante de l'imagination.

I

l'imagination quelque moyen d'exercer fon empire ; qu'il faudroit enfin que les indi-vidus malades, traités par le Magnétifme animal, fe rétabliffent d'autant plus promp-tement, qu'ils auroient une imagination plus puiffante & plus énergique.

Or, en premier lieu, rien n'eft fi fimple, fi uniforme, d'une monotonie même plus fatigante que l'appareil qu'offrent les pro-cédés du Magnétifme ; la médecine ordi-naire met au moins quelque variété dans les remèdes qu'elle emploie, & chaque re-mède non encore éprouvé devient pour l'imagination des malades une occafion de raffembler des efpérances nouvelles. Mais avec le Magnétifme, vous agiffez le pre-mier jour, comme le dernier, & je ne vois pas trop comment l'imagination peut être exaltée par des moyens qui font toujours les mêmes, & qu'il vous eft impoffible de varier dans l'application que vous en faites.

En fecond lieu, je divife les maladies en maladies extérieures & en maladies inté-rieures. J'appelle maladies extérieures celles qui affectent d'une manière très-vifible quelques parties du corps humain, comme les cécités, les furdités, les plaies, les paralysies locales ; j'appelle maladies intérieures, celles qui paroissent résulter d'une disposition secrète & générale de l'organisation ; & celles-là, je les divise encore en maladies aiguës & en maladies chroniques : sous le nom de maladies aiguës, je comprends toutes les maladies qui produisent la fièvre ou un trouble, une fermentation quelconque dans les humeurs ; sous le nom de maladies chroniques, je comprends toutes les espèces de maux de nerfs, depuis l'épilepsie jusqu'aux vapeurs, toutes les espèces d'obstructions dans quelque lieu qu'elles soient situées, & toutes les maladies qui résultent ou des maux de nerfs ou des obstructions, comme le rachitisme, les paralysies totales, les hémiplégies, les hydropisies, les apoplexies, &c.

Mais parmi tous ces fléaux qui altèrent, dépravent ou tourmentent l'espèce humaine, il me semble qu'il en est un grand nombre sur lesquels l'imagination n'a que bien peu d'empire. Apprenez-moi, je vous prie, comment l'imagination doit modifier un aveugle, un sourd, un homme blessé, pour dissiper une cécité, une surdité, pour guérir une playe ? Apprenez-moi ce qu'elle peut dans la plupart des maladies aiguës, & sur-tout lorsque les fonctions du cerveau se trouvant embarrassées, elle n'a plus elle-même la liberté de se mouvoir; entre les maladies chroniques, montrez-moi sa puissance sur des épilepsies anciennes, des obstructions invétérées, des hydropisies; si vous l'osez, tâchez de me faire comprendre comment elle se développe dans une tête apoplectique; & si dans toutes ces circonstances vous êtes forcé de convenir que son action est ou indifférente ou nulle, & si au contraire on vous prouve que dans ces mêmes circonstances le Magnétisme guérit ou soulage, je vous le demande, comment vous y prendrez-vous pour établir que le Magnétisme & l'imagition ne sont qu'une même chose?

De plus, remarquez qu'avec les maladies qu'on assure avoir été dissipées quelquefois par l'imagination (& l'on cite des paralysies ou partielles ou totales.) vous ne me prouverez que le Magnétisme & l'imagination ne diffèrent pas entre eux, qu'autant que vous me ferez observer qu'ils agissent de la même manière; or l'imagination n'a jamais soulagé ou guéri s'il faut adopter les faits infiniment rares qu'on rapporte à l'appui de cette affertion, qu'en opérant dans le corps organifé des révolutions fubites; & d'après l'analyfe que j'ai faite de cette faculté, vous devez fentir en effet qu'elle ne peut foulager ou guérir que de cette manière, puifqu'elle n'a de force & qu'elle ne devient très-active, qu'autant qu'une impreffion foudaine la met en jeu; mais fi le Magnétifme foulage ou guérit autrement, s'il agit graduellement & par nuances fur les organifations qui lui font foumifes, s'il lui faut plufieurs jours, plufieurs mois, une année, & quelquefois même plufieurs années pour rétablir une organifation malade, dites-moi donc encore comment vous me prouverez que le Magnétifme & l'imagination ne font qu'une même chofe?

En troifième lieu, dites-moi donc encore comment vous me prouverez que le Magnétifme & l'imagination font une même chofe, quand on vous fera voir que le Magnétifme produit des effets d'autant plus rapides & d'autant plus falutaires, que l'individu fur lequel on effaye fes procédés eft doué d'une imagination qu'on ébranle

I 3

plus difficilement ; quand on vous fera voir que plus la moralité d'un être eft étendue, & moins le Magnétifme a de prife fur lui ; quand on vous fera voir que l'homme qui vit dans les fociétés convulfives de vos grandes villes eft plus long-tems rebelle à fon action que l'homme qui cultive vos champs, & celui-ci plus que l'enfant dont la raifon repofe encore, & celui-ci plus que l'animal qui ne connoît d'autres loix que celles de l'inftinct que lui a donné la nature.

Eh bien ! maintenant il fera donc vrai que le Magnétifme exifte à part de l'imagination, fi toutes les maladies que je cite obéiffent à fa puiffance, fi parmi les êtres organifés, ceux-là éprouvent fes effets bienfaifans, avec une facilité plus grande, qui ont une imagination qu'il eft moins aifé d'émouvoir.

Il fera donc vrai que le Magnétifme eft la feule médecine qu'il faut adopter, fi par des expériences comparatives, il eft démontré que le Magnétifme foulage, guérit, où la médecine ne foulage & ne guérit pas ; que, où la médecine croit foulager & guérit, le Magnétifme foulage & guérit plus promptement & mieux.

Et parce que le Magnétisme, considéré comme l'art de conserver, résulte des principes que j'ai développés sur la théorie du monde & des êtres organisés, il sera donc vrai, & ce ne sera pas à tort que j'aurai avancé, que toute guérison opérée par le Magnétisme, devient une preuve physique de cette théorie, attendu qu'en quelque sorte elle n'en est que la conséquence.

46.
Qu'ils prouvent donc physiquement le Magnétisme. Réflexions sur les guérisons déja opérées par le Magnétisme.

Que reste-t-il donc à faire pour démontrer physiquement le Magnétisme ? il reste à tenter les expériences dont je vous parle ici si elles ne l'ont pas encore été, & si elles l'ont été, il reste à examiner ce qu'elles ont produit.

Or elles ont été tentées ces expériences, & quoiqu'ayent pu faire pour empêcher qu'elles ne fussent remarquées, des hommes qu'il faudra bien vouer un jour à l'exécration de tous les siècles, & au mépris vengeur de la postérité, il n'est plus permis aujourd'hui d'en ignorer l'intéressant résultat. On connoît les cures opérées à Busancy par M. le Marquis de Puységur, à Bayonne par M. le Comte de Puységur, à Beaubourg par M. le Marquis de Tissard, à Bourbonne par M. le Comte d'Avaux, à Versailles par M. Bouvier. M. le Comte de Chastenet a publié celles qu'il a faites dans ses voyages sur mer, & dans peu on saura combien ont été heureux ses essais en Amérique sur les maladies particulières au climat de cette vaste contrée; les sociétés existantes à Lyon, à Bordeaux, à Grenoble, à Amiens, à Chartres, à S. Etienne en Forez, à Turin, à Berne, à Malte, dans toutes les Isles Françoises de l'Amérique, &c. pour le développement & la propagation du Magnétisme animal, vont faire connoître également & de la manière la plus authentique les guérisons qui ont été opérées sous leurs yeux dans les traitemens magnétiques qu'ont établis en ces divers lieux des Médecins instruits par M. Mesmer. Tout le monde a lu le recueil de M. d'Eslon, & on sait aujourd'hui que dans les Ecoles vétérinaires de Paris & de Lyon, les expériences tentées sur les animaux malades ont été suivies du succès le moins équivoque, quelquefois même du succès le plus inespéré.

Et pour faire tous ces essais, pour opérer toutes ces guérisons, a-t-on préféré aux imaginations lentes, paresseuses, rebelles,

les imaginations souples, impétueuses, dociles? non. Dans tous les âges, dans toutes les classes de la société, sur tous les tempéramens, & je viens de le dire, sur les animaux comme sur les hommes, le Magnétisme a distribué son influence bienfaisante; & c'est sur-tout aux champs, parmi des hommes grossiers, sur les enfans, sur les animaux, que ses prodiges ont été plus multipliés & plus prompts.

Et pour faire tous ces essais, pour opérer toutes ces guérisons, a-t-on choisi des organisations foiblement altérées & dont le rétablissement fût facile? non. Il n'est presqu'aucun des individus qui doit au Magnétisme une meilleure existence, qui avant que d'en avoir approché n'ait épuisé les ressources de la médecine ordinaire, & qu'on n'ait long-tems compté au nombre de ses victimes.

Et pour faire tous ces essais, pour opérer toutes ces guérisons, a-t-on affecté l'obscurité, le mystère? non. A la campagne, c'est en plein air; à la ville, c'est dans des lieux dont il étoit trop facile peut-être d'approcher, qu'ont été traités les malades dont l'histoire est déja ou va être incessamment offerte à la curiosité publique.

Et ces effais ont-ils été peu fréquents ?
ces guérifons font-elles en petit nombre ?
non. Je compte dans l'efpace d'une année,
& dans peu tout le monde pourra compter
comme moi, plus de huit cens individus
foulagés confidérablement ou abfolument
guéris par le Magnétifme animal.

Ainfi donc & en réfléchiffant fur les
raifonnemens que je viens d'enchaîner, s'il
eft une chofe fur laquelle il ne faille plus
former de doute, c'eft celle ci : que le Magnétifme animal eft non-feulement fufceptible d'être phyfiquement démontré,
comme je l'ai avancé dans la divifion de cet
ouvrage, mais même que les preuves phyfiques de fon exiftence & de fon utilité font
irrévocablement acquifes.

J'ai fini & je fens qu'il eft tems de finir.

§. I V.

Conclufion... J'ai voulu prouver, 1°. que le Magnétifme animal exifte ; 2°. qu'il ne doit réfulter du Magnétifme animal que des
conféquences avantageufes à l'humanité ;
3°. qu'on peut acquérir la démonftration
phyfique de l'exiftence & de l'utilité du Magnétifme animal. Je crois que j'ai rempli,

dans toute fon étendue, la tâche que je me fuis impofée.

Il ne me refte plus qu'un mot à dire fur la deftinée de cet Ecrit. Parmi les perfonnes qui le liront, beaucoup sûrement n'y chercheront qu'une occafion de difputer fur les idées jufqu'à préfent inconnues ou peu remarquées qu'il renferme, & l'on penfera, peut-être, que je ferai très-empreffé de me mêler aux difputes auxquelles ces idées pourront donner lieu. On fe trompera. La vérité eft amie de la méditation & du filence. Je ne fais pas ce qu'elle eft pour les hommes qui ne font que la recevoir ; mais pour les hommes qui la cherchent, je fais qu'elle réfulte d'une manière plus profonde d'écouter fa fenfibilité, parce qu'elle n'eft, en dernière analyfe, qu'une manière plus énergique de fentir les rapports de l'homme avec la nature. Celui qui cherche la vérité, accoutumé à vivre avec lui-même, n'aimera donc guère à fe détourner des penfées impérieufes & folitaires qui envahiffent de toute part fon intelligence, pour fe livrer à de vaines querelles ; & ce ne fera jamais qu'à regret qu'on le verra fortir de fon repos, pour fe faire remarquer dans quelques-unes de ces difcuffions d'éclat que les opinions nouvelles font éclorre.

Une circonftance cependant pourra me déterminer à revenir fur mes pas ; ce fera celle où quelques hommes obéiffants à des haines cachées & puiffantes, ou bien égarés par ce fanatifme qui veille toujours à côté des anciennes opinions, pour éternifer leur empire, effayeront, dans le deffein de nuire à la doctrine que je viens d'expofer, de donner à mes principes des conféquences non pas fimplement fauffes, mais dangereufes ; alors on m'aura calomnié ; & de toutes les manieres de calomnier, on aura trouvé pour moi la plus cruelle ; & il m'arrivera d'écrire encore ; car il ne faut pas que la même renommée demeure à l'homme de bien & à l'homme méchant, & avec des intentions pures & la certitude d'avoir travaillé au bonheur de fes femblables, il me femble qu'on manque à la vérité & à la vertu, quand on fe tait devant la calomnie.

Hors de là, je n'écrirai pas (26). Il eft des

_____

(26) Cela ne veut pas dire que je n'écrirai plus fur le vérités que je viens d'expofer, mais fimplement

vérités qui font tellement puiffantes, qu'une fois jettées dans le fol de l'opinion, elles s'y attachent très-promptement par des fibres vigoureufes, & que quoiqu'on faffe pour empêcher leur développement, elles s'élèvent comme par une végétation imprévue jufqu'aux plus incommenfurables hauteurs. De telles vérités croiffent fans culture. Elles reffemblent au pin altier qu'on

---

que je ne difputerai pas fur ces vérités. J'ai jetté à la hâte dans cet Ouvrage plufieurs idées nouvelles devant moi; un jour, fi je peux enfin appartenir à des circonftances tranquilles, j'affemblerai en un feul fyftême ces idées avec beaucoup d'autres que je crois également nouvelles; & l'on verra peut-être qu'il eft poffible de faire dépendre d'un principe & d'un fait unique, l'ordre entier de nos connoiffances. En attendant je pourrai effayer dans le public quelques-unes de mes idées; bientôt, par exemple, je me propofe d'examiner s'il n'y a pas une éducation univerfelle pour tous les êtres qui participent à l'intelligence & à la fenfibilité, ce que c'eft que cette éducation univerfelle, comment elle réfulte de la théorie du monde, de quelle manière il faut en appliquer les principes dans le développement des facultés de l'homme, comment au moyen de ces principes fuffifamment connus, on peut donner à nos légiflations, jufqu'à préfent fi incertaines, une bafe déterminée, & à l'opinion qui gouverne tout, mais qui varie fans ceffe, des élémens qui ne changent plus.

remarque sur le sommet solitaire des Alpes. La nature & le tems veillent sur ses progrès, & les pas de l'homme ne sont pas empreints sur la terre qui le nourrit.

F I N.

PENSÉES

SUR LE MOUVEMENT,

Par M. le Marquis DE CHATELLUX, de l'Académie Françoise.

J'avois achevé cet Ecrit, quand M. le Marquis de Chatellux m'a confié quelques penfées fur le mouvement qu'il venoit de rédiger, & dont l'originalité m'a frappé. J'ai defiré qu'elles devinffent publiques. Il m'a paru que, fur cette matière, M. le Marquis de Chatellux voyoit d'une manière abfolument neuve, & je me fuis trouvé riche d'une grande idée de plus, lorfqu'il a bien voulu permettre que fes réflexions fuffent lues à la fuite de mon ouvrage.

1°. IL n'eft pas donné à l'homme de connoître les effences des chofes, & nous ne pouvons nous en former d'idées précifes que par l'exiftence & la privation : c'eft ainfi qu'on a l'idée du jour par celle de la nuit, & réciproquement ; car fi l'on voyoit toujours la lumière, cette perception continuelle ne feroit pas fentie, du moins on n'en auroit pas la confcience, & on ne lui donneroit pas de nom.

2°. C'eft par une conféquence de cette limite de nos facultés, que nous ne connoiffons le mouvement que parce que nous connoiffons le repos. Nous avons vu des êtres fe mouvoir & d'autres refter en place; de-là nous avons conclu que le mouvement n'exiftoit pas toujours.

3°. Il eft pourtant impoffible d'imaginer comment le mouvement fe détruit (1). Ma tabatière tombe de deffus ma table, roule fur ma chaife, tombe fur le plancher : qu'arrive-t-il ? Refte-t-elle en repos ? Non; fon mouvement trouve un obftacle, il continue, il exifte toujours; ou du moins fi elle perd le mouvement d'accélération pour ne conferver que celui de fa gravitation propre, elle a communiqué le premier au corps qu'elle a touché, d'où il fe fera répandu dans la matière, & divifé au point d'être devenu infenfible.

4°. S'il n'y avoit pas d'êtres animés, il feroit peut-être aifé de calculer l'effet de

---

(1) On n'entend pas ici par *mouvement* le fimple déplacement d'un corps, mais la force, qui eft le principe de fon mouvement, force qui peut fe communiquer, fe partager, mais jamais fe détruire.

tous

tous les mouvemens poſſibles, ſoit ceux des corps ſublunaires, qui vont aboutir au centre de la terre, ſoit ceux des corps céleſtes qui concourent tous à un centre de gravité commun. Mais comme les êtres animés ont des mouvemens particuliers, des mouvemens ſpontanés, des mouvemens d'effort, que deviennent ces mouvemens dans les ſyſtêmes adoptés de nos jours, dans ces ſyſtêmes qui ne conſidèrent la matière que comme morte, ou, ſi l'on veut, paſſive ?

5°. Je ſuppoſe que tous les êtres animés qui vivent ſur la ſurface de la terre, la frappent du pied au même inſtant, ne produiront-ils pas un mouvement additionnel, un mouvement qui ne peut avoir été prévu dans les loix que les Phyſiciens ont imaginées ? Ce mouvement tend auſſi vers le centre de la terre. Mais où s'arrête-t-il ? Où doit-il s'anéantir ?

6°. Si la matière animée peut produire des mouvemens irréguliers, ne faut-il pas que le centre où ces mouvemens aboutiſſent, ſoit animé lui-même pour ſe proportionner à ces anomalies, & reſtituer ainſi l'équilibre ou les forces conſervatrices du monde ?

K

7°. Je dis plus ; il n'eſt pas néceſſaire d'avoir égard aux mouvemens imprimés par la matière animée, pour conclure que celle que nous croyons *morte*, que le globe même de la terre eſt animé. Tout pèſe vers le centre de ce globe ; mais la peſanteur n'eſt dans le fait qu'un mouvement imprimé avec une direction déterminée. Or, il faut le deux choſes l'une, ou que du centre de la terre tous ces mouvemens ſoient renvoyés avec de nouvelles directions, ou qu'ils ſoient anéantis ; mais s'il eſt vrai que dans l'art de raiſonner l'analogie ou la méthode de ſimplifier les principes autant qu'il eſt poſſible, doive être conſidérée comme la marche la plus ſûre, nous ferons fondés à croire que la nature modifie, altère, diſtribue plutôt qu'elle n'anéantit. Ainſi donc, puiſque nous reconnoiſſons dans tous les corps organiſés une force qui partage, diſtribue & renvoie au dehors tous les mouvemens dont ils reçoivent l'impreſſion, ou plutôt qui leur ſont communiqués ; puiſque nous voyons que ces mouvemens ne ſont jamais anéantis, pourquoi imaginerions-nous dans la nature un procédé incompréhenſible, une qualité occulte dont nous

n'avons pas befoin ; pourquoi voudrions-
nous nous perfuader qu'elle n'agit pas dans
les fphères comme dans les individus?

8°. Si les loix connues de la pefanteur,
de la communication du mouvement, &c.
n'appartiennent qu'à la matière morte &
que la matière animée puiffe agir arbitraire-
ment fur cette matière morte , toutes les
forces animées ne feront plus que des forces
perturbatrices , & la confufion fe mettra
dans l'univers : mais fi l'on confidère toute
la matière comme animée , alors les phénomènes du monde entier ne feront pas
plus extraordinaires que ceux du corps humain dont les bons Phyfiologiftes ne pourroient pas expliquer un moment d'exiftence , s'ils n'admettoient pas un principe
animé qui le conferve , & qui , par des loix
que nous ne connoiffons pas , compenfe
toutes les irrégularités de fes paffions & de
fes impreffions.

9°. Maintenant au lieu de pouffer plus
loin ces rapprochemens , ces analogies dont
il feroit difficile de fuivre le fil , contentons-
nous d'obferver que tout ce qui peut être
confidéré comme centre d'action , comme
faifant la fonction de recevoir , diftribuer &

K 2

renvoyer le mouvement, ſemble toujours être productif d'une matière plus ſubtile, plus élaborée; plus diſſemblable de la matière morte, plus approchante de ce que nous concevons par matière animée. Ne citons, par exemple, que les liqueurs ſpermatiques, & les eſprits qui paroiſſent en ſortir pour donner la perfection au corps humain, la tranſpiration, les émanations, ces courans établis entre les êtres qui nous portent à l'imitation & qui nous font obéir à des mouvemens étrangers, qui font les deſirs, les ſympaties, les antipaties, &c. &c., & même l'électricité animale qui paroît être le grand océan d'où ſe tire la matière vraiment animée.

10°. La nature nous ayant mis ainſi ſur la voie, qui nous empêche de penſer que l'intérieur du globe étant un grand receptacle de mouvement, & par conſéquent un grand centre d'activité, puiſque dans nos principes, il n'y a pas de mouvemens anéantis, qui nous empêche, dis-je, de penſer que l'Electricité & le Magnétiſme ſont des produits de cette élaboration intérieure, des ſécrétions particulières du globe, des principes de la vie de ce vaſte individu, de ſes correfpondances avec le monde entier.

11°. En fuppofant cette correfpondance générale de mouvemens établie, entretenue par une matière fubtile & plus ou moins animée, n'expliqueroit-on pas plus aifément la durée & l'égalité des mouvemens céleftes; car, fi d'un côté il eft un peu répugnant à la raifon d'imaginer un vuide abfolu, & que de l'autre, toute matière, fi tenue qu'elle foit, implique néceffairement l'idée d'un frottement & d'une diminution de mouvement, on fe trouvera bien foulagé par une hypothèfe qui fera voir les caufes même du mouvement dans les fluides qui devroient le retarder, & cette différence ne viendroit que de ce feul principe, qu'au lieu de confidérer l'efpace comme rempli d'une matière morte & inerte, on le fuppofe fans ceffe traverfé par des courans qui entretiennent & confervent le mouvement.

F I N.

www.ingramcontent.com/pod-product-compliance
Lightning Source LLC
Chambersburg PA
CBHW072115090426
42739CB00012B/2984